池上彰と考える、仏教って何ですか？

飛鳥新社

池上 彰と考える、仏教って何ですか？

目次

第一章 仏教って何ですか？

第二章

仏教発祥の地インドへ。

ダライ・ラマ14世との対談

Part 1
チベットの高僧、タムトク・リンポチェに聞く

Part 2
ダライ・ラマ14世との対談

第三章
仏教で人は救われるのか？
日本人にとっての仏教とは？

第一章

仏教って何ですか?

そもそも仏教って何ですか？

「どの宗教を信じていますか？」

そう聞かれたら、どう答えますか？

普段日本に暮らしているかぎり、そんな場面に出合うことはあまりないでしょう。

一度も気にしたことがない方も多いはずです。

私もそうでした。

しかし、中東のイスラム圏の国の中には、入国書類に「宗教」を記入する欄がありま す。そこで、あらためて考えさせられるのです。


私は何教の信者なんだろう？

氏名の次に「宗教」の欄を設けている国もあります。それがいかに重要なことなのかを意味しています。

私は「Buddhist」、つまり仏教徒と書くようにしました。

初めから一〇〇パーセント納得してそう書いたわけではありません。なぜなら、何を信じていれば仏教徒なのか、そもそも仏教とは何なのか、はっきりわからなかったからです。

なんとなく仏教徒。でも[*1]神道《しんとう》というのもあるよね。多くの日本人はそう思っているのではないでしょうか。

私はジャーナリストという仕事柄、イスラム教やキリスト教・ユダヤ教については深く知っておく必要がありました。これらの宗教は世界情勢に密接に関わっているからです。宗教が歴史を動かしてきたといっても過言ではありません。これからも動かしていくでしょう。

では、仏教は……？

仮にも自分の宗教と位置づけたにもかかわらず、よく知らないことが多かったのです。

私たちは、わざわざ日本語を勉強したりしませんが、日本語を学ぶ外国人に質問されると、答えられないことは山ほどあります。同じように仏教も、生まれたときから身近にありすぎて、わざわざ知識を身につけようという気になりにくいのではないでしょうか。

仏教って何ですか？
仏教徒ってどんな人たちですか？
私自身の疑問でもあった、このシンプルな問いを、解きほぐしてみましょう。

＊1　**神道**　日本古来の信仰体系で、自然崇拝や先祖崇拝などが特徴。

三大宗教のひとつ、仏教はどこでどのように生まれた？

仏教は文字通り「仏の教え」です。

仏とはブッダのことです。

紀元前五世紀ごろ、古代インドに現れたブッダという人物が説いた教えが、後に仏教となりました。

世界史の大きな流れの中で見てみましょう。

ブッダが生きた時代、西方ではバビロン[*1]捕囚《ほしゅう》で故郷を追われたヘブライ人たちがイスラエルに帰国し、後にキリスト教とイスラム教の源流となるユダヤ教が成立しました。

東洋では、中国でおこった、孔子を始祖とする儒教という思想がさかんになっていた時代です。

世界の三大宗教と呼ばれる仏教・キリスト教・イスラム教が揃うまでには、まだまだ時間がかかります。

ブッダが生まれたのは紀元前五世紀。キリスト教の創始者、イエスはそれから約五百年を経た紀元前四年に生まれ、西暦三〇年頃、十字架に磔《はりつけ》にされました。イスラム教の創始者である預言者ムハンマドが生まれるのは、さらに五百年を経た西暦五七〇年です。

仏教が非常に古い歴史を持った宗教であることがわかりますね。

世界三大宗教とひとまとめに呼びますが、仏教には大きな違いがあります。キリスト教とイスラム教はユダヤ教から生まれた、いわば兄弟のような宗教。どちらも唯一絶対の神を信じる一神教です。一方、仏教は、人知を超えた神や創造主といったものを想定していません。多くの神が役割分担をもって共存する多神教です。

神がたったひとりなのか、たくさんいるのかという違いは、その宗教を信じる者の価値観を大きく左右します。神が唯一だとすると、他の神を信仰する宗教は認められない、異教徒は敵だということになります。宗教だけが原因ではありませんが、一神教を信じる者同士の対立が多くの戦争を引き起こしてきました。

仏教が多神教なのは、インドという風土で生まれたからでしょう。古代インドには、仏教よりもさらに古い多神教、バラモン教がありました。今のヒンドゥー教のもとになった宗教で、『ヴェーダ』と呼ばれる聖典を持ち、カースト制度[*2]という身分制度を重んじたことで知られています。

ブッダもバラモン教の伝統の中で育ち、バラモン教の伝統にのっとって修行をし、ほとんどの人がバラモン教にどっぷり浸かっている中で教えを説きました。その教えの内容はバラモン教のカースト制度の枠を超えたものでしたが、多神教を否定したものではありません。

人の生死に関わる考え方も、仏教は大きく異なります。

キリスト教やイスラム教では、生きている間の行ないがよければ、基本的には天国に行って永遠の命を得ることができるとされています。人生は一度きりです。

一方、ブッダは当時、一般に信じられていた「輪廻《りんね》転生《てんしょう》」を前提に教えを説きました。輪廻転生とは、人は死んでも、また何かに生まれ変わって、この世に戻ってくるという考えです。仏教では、この輪廻の輪から抜け出すことで、苦しみから逃れ、心の安らぎを得ることができるとされています。

インドや東南アジアに行くと、高温多湿な環境の中で、生命があっという間に死に、しかし、あっという間に生まれてくる強力な生命力を感じます。人が何度も転生し、別の生物に生まれ変わる輪廻という発想が出てくるのも実に自然に思えます。至るところに神々がいるという発想も、豊かな自然の中から生まれてきたのでしょう。

逆にキリスト教やイスラム教を生んだ過酷な砂漠では、生命は弱い存在です。圧倒的なパワーを持った絶対的な神が、すべてを創造し、破壊してしまうという一神教の考え方が実にしっくりきます。

このように仏教は、古代インドのバラモン教の伝統の中で生まれ育ったブッダが、バラモン教を超える宗教として生み出したものなのです。

＊1　**バビロン捕囚**　紀元前五九七年頃から始まった動きで、古代イスラエル人の国、ユダ王国やユダ王国の首都、エルサレムの住民がバビロニア帝国に捕らえられ、バビロニアに移された事件のこと。

＊2　**カースト制度**　ヒンドゥー教にまつわる身分制度。生まれた家によって身分が決まり、仕事も結婚相手の身分も決まってしまう。

開祖、ブッダの悩みが仏教の原点に

ブッダは一説には紀元前四六三年に生まれたとされています。実は生まれた年ははっきりわかっていません。もっとも古い説と新しい説とでは、およそ百年もの開きがあります。

歴史上の偉人の常として、仏典に記されている生涯はドラマチックに脚色された伝説ばかりのため、実在さえ疑われたこともあるほどです。これから解説するブッダの生涯も、どこからどこまでが事実なのだろうかという懐疑心を持ちながら楽しんでください。

生まれたのは、古代インドのルンビニー（25ページ）であることがわかっています。現在はネパール領になっており、ブッダの生誕地としてユネスコ世界遺産にも登録されています。

母親の名はマーヤー。お産のため実家へ里帰りする途中、ルンビニーで産気づきました。母の脇の下から生まれたという伝説のあるブッダは、すぐに七歩歩き、右手で天を指し、左手で大地を指して「天上《てんじょう》天下《てんげ》唯我《ゆいが》独尊《どくそん》」（この世で尊いのは私ひとり）と宣言した——と、伝えられています。母親はブッダ生後一週間で亡くなってしまいました。

父親はシャカ国（25ページ）のスッドーダナ国王。つまり、ブッダはコーサラ国に属する小さな国、シャカ国の王子として生を受けたのです。

ブッダはゴータマ・シッダッタと名付けられました。小さな国とはいえ王子様です。将来の国王としての未来が託されていました。しかし、父スッドーダナ王は息子が生まれた直後、ヒマラヤの奥地に住むある仙人の予言を聞かされました。

「この王子は最高の悟りを得るだろう」

一見、喜ばしい予言です。しかし、国王としては喜んではいられません。当時、修行の道に入るにはすべてを捨てるというバラモン教の伝統があったからです。国王としては、修行になど入ってほしくはありません。息子が悟りを得るよりも、自分の跡を継いでもらうことのほうが重要なのです。

そこで、息子が修行者になろうなどとは思わないように策を講じました。宮殿の敷地から出さないように、出ようとも思わないように、徹底的に過保護に育てたのです。外の世界など知らず、すべてにおいて満ち足りた暮らしを続けていれば、修行しようなどとは思わないだろうと期待したのです。

しかし、ブッダは思索的な青年に成長してしまいました。何不自由のない生活をしているはずなのに、物思いにふけるようになったのです。父の期待は外れてしまいました。

父は息子の気晴らしになればと、城からの外出を許しました。そこでブッダは、それまで見る機会のなかった現実を一度に目にします。

年老いた老人、やせこけた病人、死者を送る葬列。

ブッダは城壁の中で美しいものしか見せられずに育ったため、人が老いること「老」、病で倒れること「病」、そして、死ぬ「死」ということさえ知らずに育ったのです。

それ以上にショックだったのは、自分もいつかそうなるということです。ブッダは自身の慢心を悔い、人生がいかにはかないものか、苦しみに満ちたものかを知りました。そして、なぜそんなことが起こるのか、そこから抜け出すことはできないのかという悩みを抱えることになったのです。

人間ブッダの抱えたこの悩みが、仏教の原点です。

ブッダは城壁の外で、修行者という存在を目にしました。そして、これこそが自分の目指す道だと確信しました。生まれた直後にかつて仙人が予言した通り、ブッダは修行の道に入ることを決意し、宮殿を飛び出してしまったのです。

ブッダはこのとき二十九歳。妻も、生まれたばかりの息子ラーフラも、そして、将来の国王としての地位もすべて捨てて、生老病死を超える真理を求めるために修行の道に入りました。

悩みを抱えたブッダが悟りを開き、仏教が誕生

インドでは今でも、サフラン色の衣を着て杖をつき、聖地を行脚するサドゥーと呼ばれる修行者が大勢います。頭を地面に埋めて逆立ちをしていたり、ずっと左手を挙げ続けていたり、色々なスタイルの修行を続けています。

ブッダも、長期間断食したり、呼吸を止めるといった苦しい修行を行ないました。ガンダーラ美術でもっとも有名な仏像のひとつ『釈迦苦行像《しゃかくぎょうぞう》』は、断食の苦行によって骨と皮だけになってやせ細ったブッダの姿を表わした像です。

ブッダは五人の仲間と一緒に、六年間にわたって修行を続けました。しかし、苦行を続けても何の成果も得られませんでした。

修行地を後にしたブッダは、ネーランジャラー川（25ページ）のほとりにさまよい出ました。そこで出会ったスジャータという名の村娘から施された乳粥《ちちがゆ》（米を牛乳で煮て砂糖を加えたもの）で、ぼろぼろになった心と身体を癒しました。

このとき、ずっと張りつめていた何かが解けたのでしょう。ブッダは消耗するばかりだった苦行に別れを告げ、現在のブッダガヤー（25ページ）にある菩提樹のふもとで東の方向を向いて、静かに瞑想に入りました。

人はなぜ苦しまなければならないのか、そして、どうやったら苦しみから逃れられるのか。瞑想によって自分の心を見つめ、思考を深めていきました。

瞑想を始めて七日目、三十五歳の時にブッダはついに悟りを得ました。生老病死の苦しみがどこから来ているのかを知り、その原因である煩悩《ぼんのう》という悪魔をすべて消し去り、いっさいの苦しみから解放されたのです。

ブッダとは、古代インドの言葉、サンスクリット語で「目覚めた者」という意味です。それまで眠っていたゴータマ・シッダッタは、このとき初めてブッダになったのです。

このブッダという言葉が中国では「仏陀」と書かれ、後に日本に伝わって「仏」と呼ばれるようになりました。

ブッダには、ほかにも呼び名がいくつかあります。

生まれたときの名は、もっとも古い経典で使われているパーリ語でゴータマ・シッダッタ、または、少し新しい言葉、サンスクリット語でガウタマ・シッダールタ。「お釈迦《しゃか》様」ともいわれますが、この釈迦とは、シャカ族の聖者を意味する尊称「シャーキャムニ」を漢字で書いた「釈迦牟尼《しゃかむに》」の略のことです。釈の字だけをとって「釈尊《しゃくそん》」とも呼びます。

ブッダが悟りを開いたブッダガヤーは、仏教徒にとって最高の聖地として、今も巡礼地になっています。本来の菩提樹は五世紀ごろの仏教弾圧で切られてしまったそうですが、それ以前にスリランカに移された挿し木が、再びブッダガヤーに植えられています。二千五百年前、この菩提樹から始まったブッダの教えが仏教としてアジア全域に広がっていったのです。

といっても、ブッダはすぐに教えを広めようとしたわけではありません。ブッダ自身の言葉として仏典に記されているところによると、悟った直後は「貪《むさぼ》りと怒りに従う者たちには理解しがたい」、つまり自分の悟りは一般の人々には理解できないだろうと考えていたようです。

しかし、ブッダはその後、教えを広めることを決意しました。仏典の中では、ヒンドゥー教の神、ブラフマーが現れて、ブッダに教えを説くように三度にわたって懇願するというストーリーが描かれています。

ブッダガヤーで悟りを開いた後、そこから約二五〇キロメートル離れたサールナート（25ページ）に出向き、そこで六年間苦行を共にした五人の仲間を相手に、最初に教えを説きました。

悟りに至り、悩みを吹っ切ったはずのブッダが、なおも迷ったり思い直したりするというのは、人間らしくて興味深いですね。


悩みを抱えた人間が、瞑想を通じて真理にたどり着き、宗教が生まれるという展開は、実はイスラム教に似ています。

イスラム教の創始者、ムハンマドは二十五歳のとき、十五歳年上の女商人と結婚し、二男四女をもうけますが、男の子は二人とも亡くなってしまいました。ムハンマドは悩みを抱き、洞窟で瞑想にふけっていたところ、大天使ジブリール[*1]を通じて唯一神アッラー[*2]の啓示を受けたことになっているからです。

＊1　**ジブリール**　神からムハンマドのもとに遣わされた天使。キリスト教では「ガブリエル」といわれる。
＊2　**アッラー**　イスラム教において唯一の神の呼称。

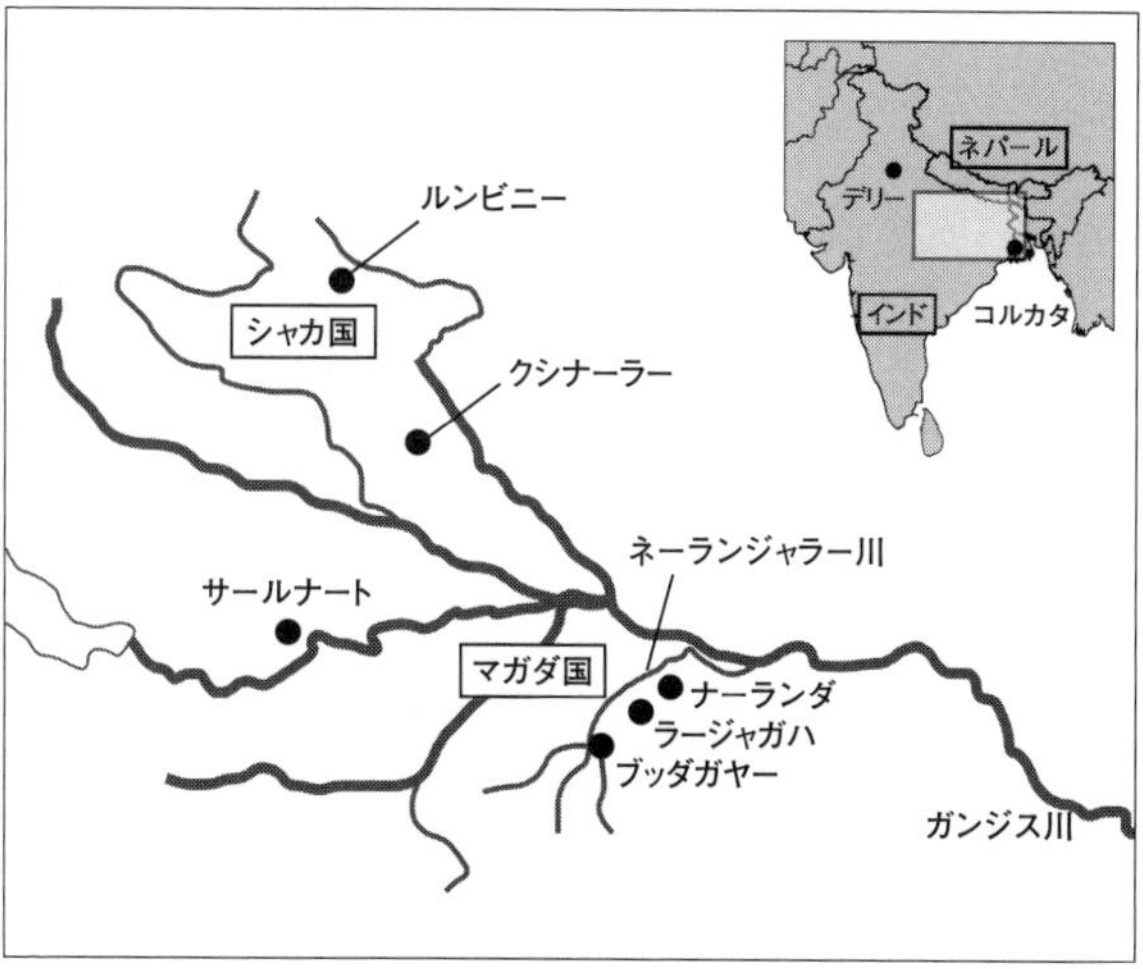

仏教の聖地とされるブッダの歩み

仏教の真髄である平家物語の「諸行無常」

悟りを得たブッダは、どんな教えを説いたのでしょう？古いインドの仏典から引用することもできますが、もう少し身近なところからアプローチしてみましょう。日本人としてぜひ知っておきたい『平家物語』の冒頭です。

祇園精舎《ぎおんしょうじゃ》の鐘の声、
諸行無常《しょぎょうむじょう》の響きあり。
沙羅雙樹《しゃらそうじゅ》の花の色、
盛者必衰《じょうしゃひっすい》の理《ことわり》をあらわす。
奢《おご》れる人も久しからず、
ただ春の夜の夢のごとし。

猛《たけ》き者もついには滅びぬ、
ひとえに風の前の塵に同じ

鎌倉時代の平家の盛衰を描いた軍記物語『平家物語』の冒頭です。この句にはブッダの教えが込められています。


祇園精舎とは、ブッダが弟子たちと過ごした僧院、つまりお寺です。

沙羅雙樹は花の名前で、ブッダが入滅（この世を去ること）の地、クシナーラー（25ページ）で亡くなる直前、ベッドの四隅に供えられていたそうです。ブッダが長い布教の旅を終え、八十歳で息を引き取ったとたん、花の色があせたと伝えられています。


ここにある「諸行無常」という真理こそ、ブッダの基本的な教えのひとつです。

諸行（あらゆる物事）は無常（同じままとどまることはない）であるということです。

物も人も、人の心も、人と人との関係も、すべては移り変わっています。昨日と今日では違いますし、明日はまた別の姿となります。

美しい花もいつかは枯れてしまいます。ブッダでさえ命には限りがあるのです。

言われてみれば当たり前のことかもしれませんが、今のまま世の中は続いていくだろうと、私たちは何の根拠もなく期待しがちです。

本当にこの世は無常であると知っていたら、恐ろしくなってしまいます。実際、すべての存在、現象は移り変わり、同じところにとどまることはないのです。

東日本大震災のような突然の災害やリーマンショックのような世界的な金融危機、個人のレベルでは病気やケガなど、私たちは何度も無常を実感させられているはずです。それでも、なお未来を夢見てしまうのが人間というものなのですね。

諸行無常とともに仏教の基礎となるのが「諸法無我《しょほうむが》」。すなわち、私というものに実体はないということです。

私たちは常に、自分と他人の間に境界線を引き、自分と他人を区別します。他人と比べて優劣の判断をしたり、この人は好き、この人は嫌いといった具合に、分ける必要がないものを分けたりすること、これを分別《ふんべつ》といいます。分別があるといえば好ましい意味ですが、仏教では分別が苦しみの原因だと説きます。

私たちは私を主張したがったり、私の持ち物や財産を増やしたいという欲望に振り回されたりしがちです。しかし、世の中だけでなく私だって、常に移り変わっているのです。健康状態が変わるかもしれませんし、経済状態が急変するかもしれません。思いもかけない心境の変化が起こるかもしれません。

私たちは自分のことさえよくわかっていませんし、制御することもできません。私のものが、いつまでも私のものであると期待をしていると、いつかは裏切られてしまうでしょう。そこに苦しみが生じます。

すべての物は不確かで変化するものだから、私という実体も存在しない。そう理解することで、他人と比べたり執着したりするなどの様々な苦を遠ざけることができる。それが諸法無我の考え方です。

諸行無常と諸法無我。私たちはなんとなくは知っているはずですが、一〇〇パーセント割り切ることはできないというのが正直なところでしょう。

「諸行無常」「諸法無我」なのだから、人生はそもそも思い通りにならないのが当たり前なのだ。そうブッダは説きます。なのに思い通りになるだろうと期待するから、思い通りにしようと躍起になるから、そこに苦しみが生まれるのです。

煩悩があるかぎり苦しむ「一切皆苦」という考え方

「四苦八苦《しくはっく》」という言葉がありますね。これは仏教に由来する言葉です。

四つの苦とは、生まれてくる苦しみ、老いる苦しみ、病にかかる苦しみ、死ぬ苦しみという、すべての人に避けられない苦です。

生苦《しょうく》……生まれることにともなう苦
老苦……老いにともなう苦
病苦……病にともなう苦
死苦……死にともなう苦

これに次の四つの苦を加えたものを「四苦八苦」といいます。

愛別離苦《あいべつりく》……愛する人と別れる苦しみ
怨憎会苦《おんぞうえく》……嫌な相手と向き合う苦しみ
求不得苦《ぐふとくく》……求めても手に入らない苦しみ
五蘊盛苦《ごうんじょうく》……五感や心のはたらきが生む煩悩を制御できない苦しみ

たくさんありますね。実にこの世は、思うにまかせない辛いこと、苦しいことだらけです。この考え方を「一切皆苦《いっさいかいく》」（すべては苦である）といいます。

ブッダはこうした苦しみの原因を明らかにしました。それが煩悩《ぼんのう》[*1]です。

仏教では人間のもつ根本的な煩悩を三毒《さんどく》（貪り、怒り、愚か）としています。

貪りというのはもっと欲しい！　と欲張る心です。いくら欲しがっても得られないものは多いですし、手に入れたら入れたで、もっと欲しくなります。限度のない欲望です。

怒りもまた抑えがたい煩悩です。しかし、怒りをぶつけても問題が解決するとはかぎりません。逆に怒りの応酬となって問題は大きくなるばかりです。

愚かとは、「諸行無常」（すべては移り変わる）「諸法無我」（確かな私など存在しない）といった真理を知らないことです。これを無明《むみょう》と呼びます。三毒の中でも特別な煩悩で、貪り、怒りの原因でもあります。無明だからこそ貪り、怒りに陥ってしまうといえるからです。

俗に百八の煩悩といわれるように、私たちは始終、煩悩に心を乱されながら生きています。それが人間というものですし、喜怒哀楽があってこそ人生だというのは間違いありません。しかし、煩悩があるかぎり、人生は苦しみに満ちているのです。

さて、原因がわかっているのなら、それをなくせばいいですよね。

ブッダは諸行無常と諸法無我を理解し、煩悩をコントロールして心を穏やかに保つことで、苦しみを減らすことができると、悟りに至るプロセスを順を追って明らかにしました。

苦しみを完全に抜け出した状態を「涅槃寂静《ねはんじゃくじょう》」と呼びます。悟りの境地と同じ意味です。涅槃は「ニルヴァーナ」という古代インドの言葉、サンスクリット語からきていて、ろうそくなどを吹き消した状態という意味です。

つまり、煩悩の炎を吹き消せば、私たちは心の安らぎを得ることができ、涅槃、すなわち悟りに至ることができるのです。ブッダは実際に、涅槃の境地に到達しました。いかに煩悩の炎を吹き消すか。簡単なことではありません。ブッダ自身、涅槃の境地に至り、悟りを開いた後も、気をつけていました。

たとえば、ブッダは一カ所に長くとどまることなく、一生、旅を続けました。決まった居場所をもうけてしまうと、その場所や人間関係にとらわれて、離れがたくなったりします。持ち物が増えれば、それを守りたくなったり、別のものが欲しくなったりしがちです。そうした欲が頭をもたげるのを防ぐため、信者から寄進されたお寺にも長居せず、布教の旅を続けたのです。

すでに煩悩の姿を見極めたブッダでさえ、油断するとまた、からめとられてしまう。煩悩というのはそれほど人間にとって根源的なものなのです。当初の仏教が俗世間から離れる出家を勧めたのも、普通の生活をしていては煩悩を断ち切ることはできないからです。

ブッダは、人は死んでも何か別の生物に生まれ変わるという輪廻転生の考え方をベースに、涅槃寂静を目指す教えを説きました。生老病死の苦しみがなくなるということは、もう輪廻してこの世に戻ってこないということです。苦しみの輪廻の輪から抜け出すことによって、人は涅槃に至ることができます。

仏教の目指す理想の境地、涅槃寂静は、諸行無常と諸法無我を理解し、煩悩のない穏やかな心を手に入れ、苦しみに満ちた輪廻の世界に生まれることのない状態なのです。ブッダはもう生まれ変わって戻ってくることはありません。

「諸行無常」「諸法無我」「涅槃寂静」。

この三つを、ほかの宗教にはない仏教の象徴的な教えという意味で三法印《さんぼういん》と呼びます。これに「一切皆苦」を加えて四法印《しほういん》と呼ぶこともあります。

＊1　**煩悩**　仏教では、すべての「苦」の原因は欲や執着、怒り、ねたみなどにあると考える。こういった感情すべてを「煩悩」と呼ぶ。

古代インドの人々はブッダにどんな救いを求めた？

そもそも生きることは苦である。人生は思い通りにならなくて当たり前なんだ。ブッダの教えは、ここからスタートしています。

驚くべきマイナス思考ですね。

確かに真理かもしれませんが、少々寂しい気持ちにさせられてしまいます。宗教というのは、人生に救いをもたらしてくれるもの、私たちをポジティブな気持ちにさせてくれるものではないのでしょうか？

たとえばイスラム教の聖典『コーラン』[*1]には、神様から授かった命を、すばらしい人生を、思う存分楽しめと書いてあります。こう励ましてくれれば、断食や禁酒といったイスラム教のルールも我慢できるかもしれません。

一方、仏教では、この世は四苦八苦に満ちているのだから、二度とこの世に生まれてこない状態が理想だと明言しています。まるで人生をすべて否定している、冷たい姿勢にも思えてしまいます。

しかし、こうしたブッダの教えが魅力的だったからこそ、仏教は多くの人々に受け入れられ、広まっていったのでしょう。その背景には、伝統的なインド社会の成り立ちが深く関わっています。


古代インドのバラモン教、そして、その流れをくむヒンドゥー教には、カースト制度という厳しい身分制度があります。生まれた家によって身分が決まり、非常に細かく分けられたカーストによって、就く仕事も、結婚相手の身分も決まっています。

現在のインドではカースト制度は法的に禁止されていますが、実際には厳然と残っています。たとえば、ホテルに泊まったとき、部屋の掃除に来た人に「電球が切れたのでついでに取り替えてください」と頼むことはできません。掃除をする人のカーストと、電気製品を扱う人のカーストは、まったく違うからです。

いい意味でとらえれば、人口の多いインドの人々は、カースト制度によって仕事を分け合い、ワークシェアリングを実現しているといえるでしょう。しかし、生まれた家によって一生が決まってしまうような人生を、誰もが好ましいと思っているわけではありません。

インドは近年、ＩＴ大国として急成長しています。ＩＴの世界では色々なカーストの人々が働いています。ＩＴ関連の職業は最近できたばかりということもあり、カーストが指定されていないからです。教育を受ける機会はカースト制度によって左右されるかもしれませんが、カースト制度を超えた人生を夢みて、意欲の高い若者が集まってくるからこそ、ＩＴ産業が盛んになったのでしょう。

ブッダの活躍した古代インドの時代には、カースト制度は今よりずっと強固なものだったはずです。特に身分の低い多くの人々にとっては、生まれながらにして辛い人生が待っており、そこに甘んじる以外の選択肢はなかったのです。カースト制度をベースに成り立っているバラモン教が信じられていた時代、そこから抜け出す術はありませんでした。

そこに登場したのがブッダです。

カースト制度で一生が決まってしまうという古代インドの背景を考えると、この世は苦であるという人生観が、実にリアルに感じられませんか？

カースト制度というルールに閉じ込められた人々にとって、ブッダの教えはしっくりきたのではないでしょうか。そして、その苦しみから自由になれる道が、実はあるのだとブッダは説いたのです。

古代インドの人々が、自分の力ではどうにもならないと信じていた人生に希望を感じることができた。それがブッダの教えが広く受け入れられた大きな理由のひとつなのです。

もうひとつ、教えを説く姿勢も画期的でした。

ブッダ自身はクシャトリヤという王族・武人のカーストに生まれましたが、教えを説くにあたって、相手の身分や職業を問いませんでした。当時は異例のことだったのです。

ブッダの信者の中には、大国マガダ国（25ページ）の王もいました。寺院を寄進してくれるほどの大スポンサーでしたが、とくに優遇されていたという記録はありません。身分が高いからといって、ブッダは説法の順番を繰り上げたりすることもなく、請われるままに、誰にでも教えを説いたと伝えられています。

弟子の中には、人を殺した罪人もいましたし、遊女もいました。カースト制度で身分が低かった職業のひとつである鍛冶職人もいました。生まれながらにして苦しみを抱える者、生きていく中で苦しみを抱えてしまった者、すべての人々がブッダの教えに救いを見出し、ブッダがそれに応えることで、仏教という宗教は大きくなっていったのです。

＊1 **コーラン** 神、アッラーからの啓示をムハンマドが伝え、後世の人が書物にまとめたもの。イスラム教の聖典。

もっと多くの人を救いたい！
大乗仏教の誕生

かつて共産主義を生み出したカール・マルクスは、フランスで自身の思想がどう紹介されているのかを知って、こう皮肉ったそうです。

「私にわかるのは『私はマルクス主義者ではない』ということだ」

ブッダが今の仏教の姿を見たら、どう思うでしょうか。

思想というのは、同時代の人にさえ、意図しない形で伝わってしまうものです。ブッダの時代から今に至る二千五百年の間には、実に大きな変化がありました。変化することが必ずしも悪いわけではありません。時代によって、土地によって、変化したからこそ、仏教は世界宗教になることができたのです。

ブッダは教えも文字で残さず、すべて対面で教えを説いていたといわれています。

そのため、ブッダが亡くなってから、弟子たちがブッダがどのような説法をしていたのかまとめていきました。

その中で、ブッダの時代のルールをそのまま守るべきだという保守派（上座部《じょうざぶ》）と時代に合わせてルールを変えていくべきだという改革派（大衆部《だいしゅぶ》）の二つに分裂していきます。上座部はスリランカに伝わり上座部仏教[*1]となり、大衆部は大乗仏教[*2]へと変化していきました。

非常に大ざっぱなとらえ方をすると、もっとも大きな変化はこの大乗仏教の誕生でしょう。文字通り大きな乗り物という意味で、古代インドの言葉、サンスクリット語の「マハーヤーナ」をそのまま訳した言葉です。『般若心経《はんにゃしんぎょう》』[*3]の大本である『般若経』というお経に登場します。

ブッダの時代の仏教では、苦に満ちた輪廻の世界から抜け出すため、出家して修行することが推奨されました。普通の人と同じように暮らしていては、家族や持ち物など、執着の対象になるものから離れることができませんし、煩悩から自由になることは容易ではありません。出家が必要だと考えるのは自然なことでしょう。

実際、ブッダに帰依した彼の一族はほとんどが出家してしまいました。息子のラーフラが出家したことで、王族の血も途絶えました。

しかし、俗世間を離れて修行に打ち込める人なんて、今も昔もごくわずかしかいません。それが僧侶と呼ばれる人々です。


では、僧侶しか悟れないのでしょうか？　私たちのような普通の人は救われないのでしょうか？

そんなはずはない！　そう考えるのが、大乗仏教です。僧侶だけが悟りという終着駅に向かう乗り物に優先的に乗れるのではない。ブッダなら、もっと大きな乗り物を用意してくれるはずだ。そんな人々の救いを求める気持ちが生み出した、仏教の発展形といえるでしょう。仏教における民主化ともいえます。ブッダが亡くなって四十年ほど後に生まれた思想だと一説にはいわれています。

大乗仏教がもっとも大切にするのは利他です。利他とは、自分のことはさておいて、他の人が、あるいは他の生き物が幸せになれるように行動する姿勢です。この利他という行ないを積み重ねることで、人は悟りに徐々に近付けると考えます。なぜなら、ブッダもそうしたからです。

ブッダが行なった利他の行ないは、イソップ物語や千夜一夜物語に影響を与えたとされる『ジャータカ』というブッダの伝記、前世での物語にまとめられています。ブッダが行なったといっても、ゴータマ・シッタッタとしての八十年の人生のことではありません。『ジャータカ』に書かれているのは、ブッダが数限りない前世で重ねてきた行ないなのです。

たとえば、虎の母子が飢えているのを憐れんで、我が身を捧げたという物語を聞いたことはありませんか？　これもブッダが前世でした利他の行ないのひとつです。この『捨身飼虎《しゃしんしこ》』という物語は、法隆寺所蔵の『玉虫厨子《たまむしのずし》』に描かれていることでも知られています。

大乗仏教ではこう考えます。ブッダとて、生まれて三十五年間で悟ったわけではない。数限りない前世の間に利他の行ないを積み重ねてきた結果、悟りに至ることができたのだ。だから、私たちも日々一つひとつ利他の種をまいていけば、いつか来世において機が熟したときに、花開くときが来るのだと。

自分はさておき他人の幸せのために思いやりを発揮し、利他の行ないをしている人を菩薩と呼びます。誰だって心がけしだいで、私は菩薩です！と宣言できるのです。ブッダの教えは大きな乗り物を手に入れたことで、よりいっそう多くの人々が救いを求める気持ちをとらえました。大乗仏教が生まれなければ、仏教はこれほど広まっていなかったかもしれません。

ところで、大きな乗り物ではないほうの仏教も、しっかり伝わっています。ブッダが説いた教えをそのまま受け継ぎ、出家して悟りを得ようというオリジナルな形の仏教です。以前は小乗仏教という呼び方もありましたが、前述した上座部仏教の他、テーラワーダ仏教などと呼ばれています。

タイやミャンマー、スリランカでは、今でも上座部仏教が主流です。僧侶以外の人々は、「今の人生では本格的な修行はできないけれども、いつか僧侶になれる来世を迎えたい」と願っています。上座部仏教は、インドから南のスリランカに伝わったこともあり、南伝仏教とも呼ばれています。

＊1　**上座部仏教**　戒律を厳格に守ることを重んじる保守派から生まれた。出家して修行を積むことで悟りを開くことができると説く。テーラワーダ仏教、南伝仏教、小乗仏教とも呼ばれる。スリランカ、タイ、カンボジア、ラオス、ミャンマーなどに伝播。

＊2　**大乗仏教**　利他の行ないによってすべての人を救うと説く。お釈迦様の教えを広く大衆に広めることを目指す。北伝仏教とも呼ばれる。日本、中国、朝鮮半島、チベット、モンゴルなどに伝播。

＊3　**般若心経**　大乗仏教の基本思想である「空」を説く、紀元前後に成立した膨大な『般若経』経典群のエッセンスをまとめたもの。日本では玄奘三蔵の漢訳版が親しまれている。日蓮宗と浄土真宗以外で読まれている。

ブッダの教えを求めてインドに渡った三蔵法師

私たち日本人の身近にあるのは大乗仏教です。般若心経は大乗仏教の経典です。大乗仏教はインドから中国に伝わり、朝鮮半島を経て、五三八年頃に日本にもたらされました。

今のアフガニスタン東部からパキスタンにかけて、かつてガンダーラという国が栄えました。紀元一世紀頃、ブッダの像、すなわち仏像が、この地で初めて作られました。それまで仏教では、偶像崇拝をしていなかったのです。ガンダーラ美術にみられる仏像では、インド人のブッダがギリシア彫刻のような、彫りの深い出で立ちをしています。

二〇〇一年、アフガニスタンのバーミヤンの巨大石仏が、当時の支配勢力タリバンによって破壊されました。なぜアフガニスタンに仏像があるのか、疑問に思った人も多かったでしょう。今はイスラム教の地ですが、かつてはもっとも仏教が栄えた地域のひとつだったのです。

仏教は、一世紀頃にはシルクロードを通じて中国に伝わっていたとされています。初期の中国仏教において、私たちにもっとも身近なのは、唐代初期の僧侶の玄奘三《げんじょうさん》蔵《ぞう》[*1]、いわゆる三蔵法師でしょう。

『西遊記』[*2]の三蔵法師と聞いて、思い浮かべるのは、夏目雅子さんでしょうか？　深津絵里さんでしょうか？

孫悟空が飛び回る『西遊記』はもちろんフィクションです。しかし、玄奘三蔵の旅を記録した『大唐西域記《だいとうさいいき》』をベースにしており、お経を求めて天竺《てんじく》、すなわちインドを目指すという大筋は史実をモチーフにしています。

お経はそれまでも中国に伝わっており、いくつか漢訳も行なわれていました。しかし、玄奘は正しい教えを知るにはサンスクリット語の原典にあたることが欠かせないと考え、インドに向かったのです。

時は七世紀、長安《ちょうあん》（今の西安《せいあん》）に都をおく唐王朝の時代です。玄奘は国を出ることを許されなかったため、ひそかに出国するという危険をおかして、天竺への旅に出ました。そして、中央アジアを経て、世界最古の大学とされるナーランダ僧院で本場の仏教を学ぶことができたのです。

膨大な経典とともに長安に帰還したのは十六年後。当時の皇帝も仏教の信者だったため、もはや国禁をおかして出国した罪は問われませんでした。逆に勅命《ちょくめい》によって、一生をお経の漢訳に捧げることができました。

中国仏教も、それを受け継ぐ日本仏教の発展も、玄奘のインド行の偉業がもたらした成果といえるでしょう。ちなみに、日本人にも馴染みの深い般若心経も、玄奘が翻訳したものです。

玄奘がお経を求めて命がけでインドに向かった。この事実に、他の宗教にはない仏教の一面が表われています。つまり、ブッダの教えは向こうからは、やって来ない。こちらから求めるものだということです。

キリスト教には宣教師がいます。私たちは使命や任務の意味でミッションという言葉を使いますが、もともとは伝道を意味しています。敬虔《けいけん》なキリスト教徒にとっては、神の言葉を世界中に送り届けることは大切な使命なのです。

米大統領選の有力候補として注目されているミット・ロムニーはフランス語が堪能なことで知られています。それは彼がモルモン教徒だからです。モルモン教徒は世界中に伝道することを推奨され、ロムニーにはフランス布教の経験があります。

一方、仏教では、玄奘は自分でお経を取りにいかねばなりませんでした。日本の[*3]最澄や[*4]空海も、遣唐使船で中国に仏教を学びに赴きました。向こうから日本に来てくれたのは、奈良時代、日本から請われて来日した[*5]鑑真ぐらいです。広めようという意思がないのに広く浸透していったのですから、よほどの魅力が備わっていたのでしょう。

チベット仏教を代表する最高指導者である、ダライ・ラマ十四世はこうおっしゃっています。

「仏教徒になる必要はありません。よい生き方をすればいいのです」

一神教ではない仏教には、多彩な価値観を認める懐の広さが備わっています。この仏教のもつ大らかさこそ、八百万《やおよろず》の神とともに生きてきた日本人にとって、仏教が親しみやすい理由のひとつではないでしょうか？

＊1　**玄奘三蔵**　唐の時代の僧侶。長安で仏教を学んだ後、インドにわたり、経典を持ち帰って翻訳に努めた。『西遊記』の三蔵法師として知られている。

＊2　**西遊記**　中国の長編小説。唐僧の三蔵法師が孫悟空らと共に中国からインドへお経を求めて旅をする物語。

＊3　**最澄**　天台宗の開祖。八〇四年、三十八歳のときに遣唐使として唐にわたり、中国天台宗の教えなどを学んで帰国。八〇六年、比叡山延暦寺で天台宗を開宗した。

＊4　**空海**　真言宗の開祖。最澄と同時期に遣唐使として唐にわたり、密教を学んで帰国。八一六年、高野山金剛峯寺で真言宗を開宗した。天皇から授かった「弘法大師」という名前でも知られる。

＊5　**鑑真**　唐の時代の僧侶。奈良時代、戒律を授かるために聖武天皇が日本に招いた唐の僧侶。妨害や遭難を乗り越え、五度目の渡航で来日に成功。正式に戒律を受ける施設、戒壇院を東大寺に設けた。

お経って何ですか？

玄奘三蔵がインドから持ち帰ったお経の数は六百五十七部でした。これも仏教のお経のほんの一部にすぎません。

キリスト教の聖典である新約聖書・旧約聖書には、預言と呼ばれる神の啓示やイエスの言葉や奇蹟が記されています。イスラム教にも神の啓示を記したコーラン、預言者ムハンマドの言葉や彼の行動をまとめた、ハディースなどの聖典があります。

しかし、仏教ではこの一冊というものはありません。たくさんある仏教のお経には何が書かれているのでしょう？　ブッダは文字で教えを残すことはしませんでした。一人ひとりと対話しながら、相手に合わせて教えを伝えたからです。

実はイスラム教でも、ムハンマドも信者も読み書きができず、神の言葉を暗唱して覚えていました。戦争などで神の言葉を覚えている人たちがいなくなっては大変ということで、コーランがまとめられました。

キリスト教でも、イエス本人の布教の記録は残されていません。イエスが亡くなってから、その言葉や奇蹟を弟子たちがまとめていき、長い時間をかけて聖典が定められました。

仏教では、ブッダが亡くなった直後、教えを整理しようという弟子たちが、どんな説法を聞いたのかを記憶を頼りにまとめる会議が開かれました。この一回目のお経の編集会議を第一結集《けつじゅう》と呼んでいます。

第一があるということは第二もあります。ブッダ没後百年ほど経った頃、第二結集が行なわれました。さらに百年ほど下り、仏教を保護したアショーカ王の時代、第三結集が行なわれました。ブッダの教え自体が変化したわけではないのに、なぜ何度も編集し直したのでしょう？

お経には、ブッダが残した教えのほか、教団のルールを定めた戒律や教義の解説書も含まれています。戒律については日常生活の細々したことまで定めていたため、時代によって変えていく必要がありました。

たとえば、ブッダの時代には、お布施を現金で受け取ることは禁止されていました。お金のもつ魔力を、ブッダは知っていたのでしょう。しかし、第二結集のころには都市部で貨幣経済が発達しており、僧侶も経済活動に参加せずには教団を運営できなくなっていたのです。

お金をめぐる問題は非常に深刻でした。このとき仏教教団全体がブッダの時代のルールをそのまま守るべきだという保守派（上座部）と時代に合わせてルールを変えていくべきだという改革派（大衆部）に分裂してしまいました。

ブッダの教えの解釈も、時代を経ると色々な考え方が現われ、多くの学派が生まれました。先に紹介した大乗仏教も登場し、新しい教義や解説書が次々に加えられていきました。

唯一絶対の神がすべてを定めている一神教とは違い、仏教の教えは人が生み出したものであり、不動のものではありません。そもそも無常が教えの根本なのですから、多様な解釈が生まれるのもまた仏教らしい姿といえるでしょう。

数千巻あるお経のうち、ブッダが説いた言葉は一部

お経に書かれていることのうち、ブッダ本人が説いた言葉は、ほんの一部です。ほとんどはブッダの弟子を自認する僧侶や仏教学者たちが、ブッダは本当はこう言いたかったのだと書き綴ってきたのです。こうして数千巻ものお経が書かれることになりました。

お経のうち、もっとも古いグループは原始仏典と呼ばれ、古代インドのパーリ語で書かれています。世界最古のお経とされるのは『スッタニパータ』です。漢訳のお経がなく、現在では、インド哲学・仏教学者の中村 元《はじめ》氏が原典から訳した『ブッダのことば――スッタニパータ』（中村 元翻訳・岩波書店）で読むことができます。

『スッタニパータ』には、弟子の質問に対してブッダがどのように答えたのか、師匠と弟子との対話が綴られています。現在あるような仏教の専門用語や、ブッダ自身を神格化する風潮は当時はまだありません。素朴な言葉でのやりとりから、ブッダが実

際どのように教えを説いたのか、その人柄や暮らしぶり、やさしさや厳しさまでを感じることができます。

『スッタニパータ』と並ぶ最古の仏典として『ダンマパダ』も知られています。こちらは『法句経《ほっくぎょう》』という漢訳があります。ブッダが説いた教えを表わす、四百二十三の短い詩句を集めたコンパクトな詩集で、誰もが日常で使える教えがつまっています。日本語訳は『ブッダの真理のことば・感興のことば』(中村 元翻訳・岩波書店)で読むことができます。たとえば冒頭から五番目の詩には、こんなことが書いてあります。

「実にこの世においては、
怨みに報いるために怨みを用いたならば、
いつまでも怨みが止むことはない。
怨みを捨ててこそ鎮まる。
これは永遠の真理である」

実はこのフレーズは、一九五一年、第二次世界大戦を終結させるために結ばれたサンフランシスコ対日平和条約の際、世界的に有名になりました。というのも、当時のセイロン（現在のスリランカ）の代表が、日本に対する賠償請求権を放棄する声明の中で引用したからです。

スリランカといえば、古い時代に仏教が伝わり、今もブッダの教えを忠実に守り続ける上座部仏教の中心地です。仏教徒としての慈悲心の大きさを世界に示してくれました。上座部仏教では、ブッダ本人の説いた教えにもっとも近いとされる原始仏典を聖典としています。

日本人はどのように仏教を受け入れたのか？

マハトマ・ガンディー、チャンドラ・ボース。どちらもインドの偉人です。私たちは今、インド人の名前を当たり前のようにカタカナで表記します。ところがブッダは仏陀、釈迦と漢字で書かれることが少なくありません。

『般若心経』に登場するブッダの弟子のひとり、サーリプッタは舎利《しゃり》弗《ほつ》、サーリプッタとともに二大弟子とされるマハー・モッガラーナは目連《もくれん》と漢字の名前でも書かれます。諸行無常や諸法無我など、仏教用語といえば、ことごとく漢字です。また、白衣をびゃくえと読んだり、食堂をじきどうと読んだり、読み方も特別です。

なぜなら、仏教が中国を経て日本に伝わったからです。日本人は中国語に訳されたお経を通じて仏教を知り、中国語で教えを学びました。

私たちに馴染み深い漢字の読み方は、唐の時代に長安などで使われ、平安時代に日本に伝わった*1漢音《かんおん》ですが、仏教用語の読み方の主流は、それ以前に日本に伝わった*2呉《ご》音《おん》だからです。
お経もすべて漢字で書かれ、それを古い時代の中国語の発音で読むのが習わしとなっています。耳には心地よいかもしれませんが、意味はまったくわかりません。内容よりもお経というパッケージだけでありがたいということでしょう。

漢字で書かれているおかげで、インド発祥のものだという意識が薄れ、儒教や道教といった中国思想と混同している人もいるようです。かつて中国が日本にとって先進国だった時代には、漢文や漢語が読めることがインテリの証でした。仏教にも学問的な要素がありますから、漢語の専門用語を使いこなしてこそ仏教のプロといえたのかもしれません。

しかし、今や時代は違います。用語の難解さが原因で、ブッダの教えが伝わらないとしたら残念なことですね。

中国を経由したことで、教えの中身そのものについても影響は避けられませんでした。お経が中国語に翻訳された際、内容が変化しているものもあります。

たとえば玄奘三蔵の訳した般若心経を原典と比べると、あえて訳さなかった箇所があることがわかります。儒教や道教といった中国自身の生んだ思想も大きく影響していています。日本人が受け入れた仏教は、中国という強力なフィルターをいったん通して、招き入れられたものなのです。

仏教が中国から朝鮮半島を経て日本に伝わったのは五三八年とされています。当時、日本と交流があったとされる百済《くだら》にはすでに仏教が伝来しており、百済の聖明王《せいめいおう》が日本に使いを送り、仏像や経典などを伝え、当時の欽明《きんめい》天皇に仏教を勧めました。おそらくそれ以前にも、仏教は知られていたでしょうが、公式に伝わったという意味で、五三八年が公伝《こうでん》といわれます。

当時の日本の朝廷では、物部《もののべ》氏と蘇我《そが》氏が二大勢力として競っていました。この対立がそのまま仏教をめぐる対立となりました。

蘇我氏は仏教を積極的に受け入れたのに対し、物部氏は外来の仏教を崇拝することに反対しました。疫病《えきびょう》が流行ったときには、日本古来の国神の怒りをかったからだと仏教崇拝を非難しました。

結局、六世紀後半には、仏教に反対した物部氏が滅び、蘇我氏が実権を握りました。蘇我氏は百済に使いを送り、仏教の専門家を呼び寺院の建立《こんりゅう》を進めました。*3蘇我馬子《そがのうまこ》は一族の先祖を弔う氏寺として、日本最初の本格的な寺院である法興寺《ほうこうじ》を建立しました。現在の奈良県明日香村にある飛鳥寺《あすかでら》です。本尊の飛鳥大仏は、日本で最初につくられたブッダの像です。

*1　**漢音**　日本漢字音、音読みのひとつ。奈良時代から平安時代にかけて、遣唐使によって伝えられた。
*2　**呉音**　日本漢字音、音読みのひとつ。漢音より前に日本に定着していた。仏教用語をはじめ古い言葉に使われている。
*3　**蘇我馬子**　飛鳥時代、蘇我氏の全盛を築いた政治家、貴族。

国家の基盤を作るために仏教を導入した聖徳太子

推古天皇のもとで摂政《せっしょう》をつとめたのが、一般に聖徳太子《しょうとくたいし》*1として知られる厩戸皇子《うまやどのみこ》です。この聖徳太子こそ、日本に仏教を定着させた立役者なのです。

聖徳太子は六〇四年、十七条憲法を制定したとされています。その第一条は「和をもって尊しとなす」ですが、第二条にはこう定めました。

「篤《あつ》く三宝《さんぽう》を敬うべし。三宝とは仏・法・僧なり」

ブッダ（仏）、ブッダの教え（法）、そして僧侶（僧）を三つの宝とする意味で、天皇について述べた第三条よりも先に、仏教を推しています。

当時の日本はまだ氏族社会の寄せ集めであり、国家の体をなしていませんでした。聖徳太子は中央集権国家をつくるため、当時最新の外来宗教であった仏教を基盤にしようと考えたのです。聖徳太子は現在の大阪市にある四天王寺をはじめとする寺院を建立し、日本仏教の礎を築きました。

聖徳太子はこんな言葉も残したとされています。

「世《せ》間《けん》虚《こ》仮《け》　唯《ゆい》仏《ぶつ》是《ぜ》真《しん》」

この世は仮のものであり、ただ仏だけがまことのものである。

「虚仮」という言葉は「人を虚仮にする」などと使われますが、聖徳太子は本来の仏教用語として使っています。つまり、かりそめのもの、実体のないものという意味です。権力や財力といった、いつかは滅びる虚しいものを競うのではなく、仏の言葉に従って、正しい国づくりをしていこう。執着にまみれた政治の世界にいながら、すべてのこと、ものは移ろうものであるということを意識し、そんな理想を掲げたのでしょう。

中国から伝わった外来宗教である仏教が日本に定着し、日本らしい形が整ってきたのは奈良時代です。

遣唐使などを通じて中国の宗派が日本に伝わり、奈良の平城京の大寺院がそれを受け入れ、後に[*2]南都《なんと》六宗《ろくしゅう》と呼ばれる初期の仏教の学派が栄えました。南都というのは平城京のことです。後の京都・平安京から見て南にあったため、そう呼ばれました。

その当時、宗派という概念はまだありません。奈良の東大寺などの大寺院には複数の学派の講座があり、学僧に向けて今の大学のような形で講義を行なっていたそうです。また、当時から南都六宗と呼ばれていたわけではなく、後の平安京でできた天台宗、真言宗に対しての呼び名となっています。


七五二年には東大寺が建立されました。東大寺は、聖武天皇が全国に安定をもたらすために各地に建てるよう命じた国分寺の総本山です。奈良の大仏で有名ですが、仏教の歴史の中で大切なのは、日本で初めて*3戒壇院《かいだんいん》が設けられたことです。

仏教では、出家して正式な僧侶になる際、守るべき厳しい戒律を授かる授戒《じゅかい》という手続きが必要です。たとえば、その中には、財産は持たないようにしなければならないなど様々な戒めがあります。日本には戒律を授ける資格をもった僧侶がいなかったため、聖武天皇は、唐から高僧を招きました。

そこで来日したのが中国の学僧であった鑑真です。鑑真は唐でも重用されており、出国が禁じられていました。秘かに出国しようとしては失敗し、五度目にようやく日本にたどり着いたときには失明していました。

聖武天皇は鑑真を迎え、戒律を授けるための場である戒壇院を東大寺に設けました。そして、天皇自らも含めて約四百人が鑑真から戒律を授かりました。このときようやく、日本で正式に僧侶になることができるようになったのです。


こうして仏教は日本に根付いていきましたが、古来からの日本の神々への信仰（神道）も排除されたわけではありません。神々は仏法を守るという役割を与えられ、仏教と神道は共存の道を歩みました。神道の神様たちは、仏や菩薩の化身（権現《ごんげん》）として別の姿で現れて、私たちを救ってくれるという考え方です。平安時代にはこうした考え方が定着しました。

明治時代には神道が国教となったため、神社と寺院を切り離す神仏分離《しんぶつぶんり》が行なわれ、お寺が破壊されるなど、仏教を排斥する動きもありました。

しかし、今でも私たちは、仏教と神道の両方を受け入れています。お寺と神社が隣り合わせに建っていても、何の違和感もありません。

インドの仏教が時代に合わせて姿を変え、中国でさらに変化したように、日本では神道と共存する日本的な仏教として根をおろしたのです。

＊1 **聖徳太子** 飛鳥時代の政治家、貴族。仏教を信仰し大陸の文化や制度を広く取り入れた。

＊2 **南都六宗** 奈良時代、平城京を中心に栄えた宗派を言う。三論宗（さんろんしゅう）、成実宗（じょうじつしゅう）、法相宗（ほっそうしゅう）、倶舎宗（くしゃしゅう）、律宗（りっしゅう）、華厳宗（けごんしゅう）の六つ。

＊3 **戒壇院** 出家して正式な僧侶になる際、厳しい戒律を授けるために設置された施設。

戦乱・大地震の世を救った「南無阿弥陀仏」の教え

平安時代には、八〇四年に遣唐使として唐に渡った最澄・空海が帰国し、唐で最新の仏教を学んで日本に伝えました。そのひとつで、文字の形では伝えられない秘密の教えを密教といいます。

インドで生まれた仏教が、より多くの人に救いをもたらす大乗仏教へと発展したのと前後して、仏教に刺激を受けたバラモン教がインド土着の信仰を吸収してヒンドゥー教へと姿を変えて勢力を伸ばしました。

すると仏教の側も、庶民に人気の高いヒンドゥー教の儀式や信仰を取り入れるようになりました。その結果として発展したのが密教です。神秘主義的な儀式や呪術によって、現世での利益を実現しようとする傾向があります。

日本ではまず国づくりのために仏教が導入されたため、国家の体制の安定や天皇の安寧を祈るという役割が求められました。そこで、すぐ効く、よく効く、密教のパワーが期待を集めたのです。

最澄は八〇六年に比叡山延暦寺《ひえいざんえんりゃくじ》で天台宗《てんだいしゅう》を開き、空海は八一六年、高野山金剛峯寺《こうやさんこんごうぶじ》で真言宗《しんごんしゅう》を開きました。日本におけるふたつの密教の拠点が誕生しました。

平安末期には、天変地異や飢饉《ききん》、疫病《えきびょう》が頻繁に起こりました。東大寺の鐘が落ちたと伝えられる永長《えいちょう》地震、興福寺や天王寺が被害を受けた康和《こうわ》地震、鴨長明《かものちょうめい》が『方丈記』に記した文治《ぶんじ》地震など、大きな地震も相次ぎました。

民衆の間では、ブッダ入滅から二千年たつと、仏法が正しく行なわれなくなり、世の終わりが近づくという末法思想《まっぽうしそう》が流行しました。日本では一〇五二年が末法元年とされました。

そんな日本中が不安に満ちた世相を反映し、仏教に大きな地殻変動が起こりました。[*1]鎌倉仏教と呼ばれるグループの登場です。その源となったのは、社会不安も高まっていたこともあり、民衆の救済に目を向けることになった最澄が比叡山に開いた天台宗でした。

最澄が天台宗を開いた当時、戒律を授ける国家公認の戒壇院は奈良の東大寺など日本に三カ所しかなく、仏教の僧侶はいわば国家資格でした。

最澄はこうした奈良時代以来の体制に改革を唱え続け、死後七日目にして、比叡山に公認の戒壇院が設けられることとなりました。奈良仏教とは独立した組織で、僧侶を養成することができるようになったのです。

平安時代から鎌倉時代にかけて、比叡山は多くの名僧を輩出しました。浄土宗の開祖・法然《ほうねん》、浄土真宗の開祖・親鸞《しんらん》、臨済宗《りんざいしゅう》の開祖・栄西《えいさい》、曹洞宗《そうとうしゅう》の開祖・道元《どうげん》、日蓮《にちれん》宗《しゅう》の開祖・日蓮などは、いずれも比叡山に学び、それぞれ独自の仏教のスタイルを見出して、比叡山を飛び出して活躍しました。

現在の日本仏教の主な宗派は、この鎌倉仏教に端を発します。

鎌倉仏教のうち、その後の日本の仏教にもっとも大きな影響を及ぼしたのが、法然と親鸞でしょう。

法然は浄土宗を開きました。その教えは、「南無阿弥陀仏《なむあみだぶつ》」と念仏を唱えるだけで誰もが極楽浄土へ行けるというものです。南無はサンスクリット語の「ナモー」の音を写したもので「心から信じます」という意味です。つまり、「南無阿弥陀仏」は「阿弥陀様を心から信じています」「阿弥陀様にすべてをお任せします」という、阿弥陀様へのラブコールですね。

親鸞は法然の弟子として教えを発展させて浄土真宗を開きました。よい行ないをせよとか、お経を勉強しろとも言いません。そのままでいい。ただ阿弥陀如来を信じるだけでいい。それだけで極楽浄土に行けるのだと説きました。今、日本でもっとも信者が多いのはこの浄土真宗で、信者は一二〇〇万人を超えるともいわれています。

浄土宗と浄土真宗はどちらも、念仏を唱えることで極楽浄土へ行けるという、中国から伝わった浄土信仰をもとにしています。極楽浄土とは、阿弥陀如来が住む世界[*2]。この世の一切の苦しみから解放される世界です。厳しい修行を経て悟りを開くという既存の仏教の教えとは異なったものです。

親鸞の教えは実にシンプルです。

戦乱や天変地異が相次ぎ、庶民が希望を失っている中、この世は辛くても、阿弥陀如来を信じれば極楽浄土に行けるのだという救いをもたらしてくれる教えは急速に広まりました。
自分の力ではどうにもならないことばかりの世の中で、阿弥陀如来という万能の他力に徹底的にすがることに、人々は救いを見出したのです。

*1 **鎌倉仏教** 平安時代末期から鎌倉時代にかけておこった仏教の動きのこと。浄土宗、浄土真宗、日蓮宗、曹洞宗など新しい宗派が次々と生まれた。
*2 **阿弥陀如来** 大乗仏教の如来のひとつ。「如来」とは「如(真理)からきた者」ということ。悟りを開き、人間を救うためにこの世に現われた仏。

それぞれの宗派によって違うこと、同じこと

長い仏教の歴史の中で、日本の仏教だけでも多くの宗派が生まれました。浄土真宗のように大きな宗派になったところもあれば、いつしか消滅してしまった宗派もあります。

あなたの家は何宗ですか？

仏壇の前で手を合わせるおじいさん、おばあさんは、何と唱えていましたか？

他の家の葬式に参列したとき、「お経の雰囲気がウチとは違う」「お坊さんの袈裟が違う」「太鼓をたたくお葬式もあるんだ……」といった新鮮な経験をした方も多いでしょう。

現在の日本でもっとも信者が多いとされている宗派は鎌倉時代に親鸞が開いた浄土真宗です。

お葬式や法事で「南無阿弥陀仏、南無阿弥陀仏」と唱えていたら、おそらく浄土真宗の檀家でしょう。お寺に行くと、阿弥陀如来と親鸞上人が大きく祀られているはずです。

念仏ではなく「南《な》無《む》妙《みょう》法《ほう》蓮《れん》華《げ》経《きょう》」というお題目を唱えるのが鎌倉時代に日蓮が開いた日蓮宗。『法《ほ》華《け》経《きょう》』というお経を重んじます。開祖の日蓮は、社会不安や天災が起こったのは誤った仏の教えが広まったことだとし、他の宗派を邪教として激しく攻撃しました。さらに社会や国家レベルで法華経を奉じるべきであるとして、積極的な布教を行ないました。

平安時代に空海が開いた真言宗は、護摩を焚くなどの加《か》持《じ》祈《き》祷《とう》をすることで、民衆に支持を得て発展しました。お寺では、宇宙の根源とされる大日如来を本尊としています。真言とは仏にはたらきかける祈りの言葉のことです。加持祈祷を行なうときに僧侶が唱えている「ノウマク・サンマンダ……」といった呪文が真言です。

座禅を重んじるのは修行そのものが悟りと考える道元が開いた曹洞宗や、栄西が開いた臨済宗です。悟りの境地に達するには、心と身体をコントロールして煩悩を滅ぼすことが必要ですが、座禅によってその境地を目指すのが、中国の禅宗に由来する曹洞宗や臨済宗です。座禅はもともとインドのヨガに由来し、ボーディダルマというインド僧が中国に伝えました。

悟りに到達する道も様々あり、修行を積んで徐々に悟る道もあれば、あるときパッと悟ってしまうという悟り方もあります。ブッダ本人は徐々に悟りに近付いたとされています。

どの宗派も、ブッダの説いた教えを原点とすることに違いはありませんが、その姿は実に多様ですね。悟りという共通の目的地を目指して、色々な道が切り開かれてきたのです。

ブッダの教えを受け継いでいるということ以外に、今の日本の仏教に共通する点といえば、生きている間にはあまりお世話にならず、もっぱら葬式や亡くなった人の供養を任されているということではないでしょうか。

実はこれは日本の仏教独特のことなのです。

ブッダの教えを振り返ってみると、「死んでからどうなるのか」ということは、いっさい説いていないことがわかります。ブッダは死後の世界をあえて語りませんでした。死後の世界があるともないとも言っていません。あくまで生きている間に修行をして、悟りを開くことが目的ですから、「いかに生きるか」が仏教の教えの根幹だったのです。

仏教がもっぱら「死」担当となったのは、日本独自の仏教の発展の結果です。では、なぜ日本では仏教が死とだけ特別に結びつくようになったのでしょうか？

輪廻転生がベースの仏教がどこでお葬式と出合ったのか？

東日本大震災で大きな被害を受けた地域では、亡くなった人が多すぎて火葬場の能力が追いつかず、一部の自治体はやむをえず、一時的に土葬に踏み切りました。当初二年程度であらためて火葬する改葬を行なうとしていましたが、遺族の強い希望で、二〇一一年中に改葬が完了しました。

「土葬では供養にならない」「きちんとした葬式をあげたい」というのが遺族の皆さんの気持ちだったのでしょう。

多くの日本人にとって、死者を弔うといえば火葬をしてお墓に入ってもらうのが正式となっています。しかし、実は火葬が主流になったのは意外に最近のこと。明治時代にはまだ七割程度が土葬だったそうです。

ブッダが生涯を過ごしたインドのガンジス川流域では、人が亡くなると川岸で火葬し、遺骨はガンジス川に流してしまいます。今でも、その様子を見ることができます。そもそも、インドでは輪廻転生が一般に信じられています。今回の人生を終えても、悟りを得て涅槃に赴かないかぎり、また別の何かに生まれ変わってこの世に戻ってくるのです。

ご先祖を思うという意識はあまりありませんし、お墓は作りません。もちろん身内を失えば悲しいのは当然ですが、必ず次の命を得るのですから、いつまでも悲しんでいたり、子孫代々にわたって供養したりする理由はないのです。

こうした風土の中から仏教は生まれました。当時は、僧侶が人の死者の供養に関わるということは想定されていませんでした。ブッダは、葬儀は在家の者に任せておいて、僧侶は修行に専念するように弟子に言い残しています。

では、仏教はどこでお葬式と出合ったのか？

それは中国だとされています。中国には仏教が伝わるはるか以前から儒教がありました。儒教に由来する先祖供養に、仏教の僧侶が関わるようになったのです。たとえば、仏壇に供える位牌も、もともとは儒教の習慣に由来します。

郵 便 は が き

50円切手を
お貼り
ください

1 0 1-0 0 5 1

東京都千代田区神田神保町3の10
神田第3アメレックスビル2F

(株)飛鳥新社　出版部第三編集

『池上彰と考える、仏教って何ですか?
読者カード係行

フリガナ	性別　男・女
ご氏名	年齢　　歳
フリガナ	
ご住所 〒 TEL　　(　　　)	
ご職業　1. 会社員　2. 公務員　3. 学生　4. 自営業　5. 教員　6. 自由業 7. 主婦　8. その他 (　　　　)	
お買い上げのショップ名　　所在地	

★ご記入いただいた個人情報は、弊社出版物の資料目的以外で使用することはありません。

飛鳥新社の本をご購入いただきありがとうございます。今後の出版物の参考にさせていただきますので、以下の質問にお答えください。ご協力よろしくお願いいたします。

■この本を最初に何でお知りになりましたか

1.新聞広告（　　　　　新聞）　2.雑誌広告（誌名　　　　　　　　　）
3.新聞・雑誌の紹介記事を読んで（紙・誌名　　　　　　　　　）
4.TV・ラジオで　5.書店で実物を見て　6.知人にすすめられて
7.その他（　　　　　　　　　　　　　　　　　　　　　　）

■この本をお買い求めになった動機は何ですか

1.テーマに興味があったので　2.タイトルに惹かれて
3.装丁・帯に惹かれて　4.著者に惹かれて
5.広告・書評に惹かれて　6.その他（　　　　　　　　　　　）

■本書へのご意見・ご感想をお聞かせください

■いまあなたが興味を持たれているテーマや人物をお教えください

※あなたのご意見・ご感想を新聞・雑誌広告や小社ホームページ上で
1.掲載してもよい　2.掲載しては困る　3.匿名ならよい　（広告掲載の方には粗品を進呈）

ホームページURL http://www.asukashinsha.co.jp/池上彰と考える、仏教って何ですか？　2012.07

日本では、十世紀には、天皇の葬儀を僧侶が執り行なうようになりました。貴族の葬儀も僧侶が行なっていました。

しかし、僧侶は誰の葬儀にでも携わったわけではありません。奈良仏教の僧侶は、国家につかえる官僧です。その役割は神官と同じように、天皇のために、国家の安寧を祈る祈祷を行なうことです。

こうした官僧たちは、天皇の身近に仕える存在として祈祷や法要を行なうため、日ごろから死や出産といった穢《けが》れからできるだけ遠ざかる必要があったそうです。ですから、葬儀を積極的に引き受けていたわけではありません。

今でも奈良の東大寺の僧侶は、葬儀を行ないませんし、墓地もありません。東大寺の僧侶が亡くなると、別の寺の僧侶が葬儀を行ない、別の寺の墓地で供養します。奈良仏教の源流を伝える由緒あるお寺だけあって、葬儀が僧侶の仕事になる以前の姿を貫いているのですね。

お葬式を望む人々の願いに応えた鎌倉仏教

僧侶が葬儀を行なわなかった時代、日本人はどのように亡くなった人を供養していたのでしょう?

貴族は火葬や土葬を行ない、墓地をつくりました。現在のお墓にもある[*1]卒塔婆《そとば》の原型となるものを立てたり、五輪塔《ごりんとう》という石積みをして供養したりする習慣もありました。

一方、庶民の間では、河原や海岸、林に遺体を捨てるということも一般的だったようです。今の私たちには違和感がありますが、いわばインド式に自然に還すスタイルですね。たとえ河原に置き去りにするにしても、供物を供えるといった儀式を施したといいます。穢れをおそれず葬儀に携わる僧侶も登場しました。仏教式の死者の送り出し方が社会の上層部から徐々に広まっていったと考えられます。

そこに登場したのが、鎌倉仏教です。

法然、親鸞、日蓮、道元など、後に大きな宗派を興した僧侶たちは、いずれも比叡山延暦寺の出身です。しかし、当時のエリートであった官僧としての道を一直線に歩んだわけではありません。いずれの開祖たちも延暦寺のメインストリームではなく、いわばドロップアウト組だったのです。

国家と密接に結びついて俗化した奈良仏教に対抗し、改革派として開かれた比叡山も、時がたつと貴族の子弟がこぞって入山する名門となり、俗化が進みました。こうした風潮とは一線を画し、仏教の修行に真面目に専念しようとした者こそドロップアウトせざるをえなかったというわけです。

主流派の官僧たちが国家に仕えていたのに対し、ドロップアウトした僧侶たちは庶民に目を向けていました。穢れを気にする必要もない自由な身分です。そして、当時、庶民がもっとも望んでいた葬儀を積極的に引き受けるようになったのです。

浄土信仰が流行していた当時、「南無阿弥陀仏」と唱えることで、浄土に行ける、すなわち成仏できると信じられるようになっていました。それに加えて僧侶がきちんとしたお葬式を行なうことで、より確実に成仏できる。庶民はお葬式に最後の救いを求めるようになりました。

日本の仏教の歴史の中で、鎌倉仏教が革新的だったのは、それまで国家や貴族のものだった仏教を、庶民のものにしたことです。死者を浄土へと送り出す葬儀を進んで引き受けるようになったのも、救いを求める庶民の気持ちに応えようという仏教側からのアプローチの一環でした。

今でこそ葬式仏教と揶揄《やゆ》されていますが、そもそも、誰もやりたがらなかった葬式を引き受けてくれたのです。世の中がもっとも切実に求めた仏教の姿だったのです。葬式仏教は当初、仏教の堕落ではなかったはずです。

葬儀を引き受けることで、浄土での幸せを願う庶民の気持ちをとらえ、仏教は庶民の間に深く浸透していきました。葬儀という新しい市場を開拓し、格段に多くの日本人と仏教の縁を結んだ葬式仏教は、日本仏教の革命的な進歩といっても過言ではありません。

＊1 **卒塔婆** サンスクリット語の「ストゥーパ」の音訳。死者を供養するために細長い板に経文などを書いたもの。墓に立てる。

「葬式仏教」と呼ばれる理由

死者をきちんと弔ってもらいたいという庶民の欲求に応え、鎌倉仏教の僧侶たちは葬儀に携わるようになりました。しかし、この動きがすぐに現在の葬式仏教と結びついたわけではありません。当時は、寺院が檀家の葬祭供養を執り行なう檀家制度[*1]がありませんでした。どのお寺を選んでもよかったのです。

お寺と信者の関係が変化したのは、江戸時代のこと。幕府は、日本のすべての家が、いずれかのお寺に属するよう義務付けました。必ずしも幕府が信仰熱心だったからというわけではありません。

江戸幕府はキリスト教を禁じていました。外国と結んだ大名の力が強くなったり、一神教を信じる信者同士が結束したりすることを警戒したからです。つまり体制の安定を維持するのが目的です。

檀家制度は、キリスト教徒ではないことを証明するための仕組みで、日本特有のものです。どの家庭もお寺に属し、仏教徒であるという社会にすれば、少なくとも表立ってはキリスト教徒は存在できなくなります。檀家制度によって、家とお寺の関係が固定されました。この関係は代々続き、途中でほかのお寺に鞍替えすることは困難です。

檀家制度に先立って、仏教界内部でも本寺・末寺制度が確立されました。これは、各宗派の本山を頂点とするピラミッド型の組織をつくり、すべての寺院を管理できる仕組みです。今の日本が都道府県・市町村を通じて国民全員の戸籍や住民登録を管理しているような仕組みを仏教界にやらせたのです。

お寺にとっては、ありがたいことでした。

常に檀家を確保できるのですから、一定の葬儀や法事のお布施が永久に保証されることになります。もちろん、檀家にとっても、一族の葬儀をきちんと執り行ない、お墓を守ってくれるお寺があるというのは安心でしょう。

しかし、お寺に安定をもたらした檀家制度こそが、日本の仏教に悪い影響を与えたという考え方もあります。

お寺が檀家の公的な身分証明を担っているのですから、檀家はお寺に頭が上がりません。ご先祖の命日ごとに僧侶を招いて法事を行ない、しっかりお布施をしないと睨まれてしまいかねません。盆暮れの届け物も必要でしょう。

僧侶だって、いい人ばかりではありません。住職の機嫌を損ねて「お前のところの法事はやらない」などと言われたら、ご先祖に申しわけありません。檀家であるという証明をしてくれないということは、今でいえば身分証明がいっさいできない状態を意味します。

お寺は国のお墨付きのある権益を手に入れてしまったのです。

信徒を増やそうと、修行や布教に努力する必要はありません。マスコミで話題になったとたんに味の落ちた高級レストランのように、権威をかさにきて堕落した僧侶もいたことでしょう。

僧侶というのは、教師や警察官と同様、人としてのモラルを人並み以上に期待される職業です。悪いことをすれば非難されます。

しかし、すべての僧侶が慈悲の心に満ちた聖人というわけではありません。そうなるために修行をしているには違いありませんが、人によって修行の成果は様々です。

「葬式仏教」という陰口は、お葬式やお墓を人質にとったような一部の僧侶たちのふるまいに対して、庶民の側から発せられたイエローカードだったのでしょう。しかし、残念ながら警告のかいなく、多くのお寺はお葬式や法事でしかお世話にならない、縁遠い存在になってしまいました。

「葬式も」手がける仏教ではなく、「葬式だけ」手がける「葬式仏教」になってしまったのです。

＊1　**檀家制度**　寺院が檀家の葬祭供養を行ない、檀家が寺院を経済的に支える関係。

僧侶の妻帯・世襲は日本だけ

仏教はタブーの少ない宗教です。イスラム教のように、豚肉を食べることを禁じたり、断食を強いたりはしません。しかし、出家をしない在家の信者であっても、最低限の五つのルールは守らなければならないとしています。

一　生き物を殺してはいけない
二　盗んではいけない
三　邪《よこしま》で淫らな性関係を結んではいけない
四　嘘をついてはいけない
五　酒を飲んではいけない

これを五《ご》戒《かい》と呼びます。飲酒を除けばモーセ*1の十戒と共通しているのが興味深いですね。イスラム教では一般に飲酒を禁じています。仏教では、酒を飲むと他の戒を破りやすくなるという理由で禁止しているようです。五戒はあくまで在家の信者に対するルールであって、僧侶に対しては、より細かい規則が定められています。

日本以外の仏教徒は、日本の僧侶が結婚したり酒を飲んだりすることを知ると驚きます。五戒さえ守らない僧侶がいるなんて信じられないのでしょう。確かに仏教界全体でみると、日本の仏教の姿は特別といえます。

浄土真宗の開祖・親鸞は「南無阿弥陀仏」の念仏を広めたのに加えて、僧侶の妻帯を認めたという点で、日本の仏教を大きく変えました。親鸞以前にも妻をめとる僧侶はいましたが、公然と認めたのは親鸞が初めてだったようです。親鸞は僧侶でもなく俗人でもない非僧非俗《ひそうひぞく》という生き方を実践しました。子どもは七人いたとされています。

阿弥陀如来を信じて、すべてを委ねていれば浄土に行ける。自分の力でよい行ないをしたり、修行をしたりするのは、阿弥陀如来を信じていない証拠だ。それが親鸞の考え方でしたから、戒律など気にする必要はありません。これはそれまでの日本の仏教にとって、あまりに大きな改革でした。もちろん反発もありました。朝廷が念仏を禁止し、法然や親鸞が流刑になったこともあります。

僧侶は庶民を救う医師であるだけでなく、自らも苦しみを知る患者でもある。親鸞はそうした立場で、日頃から修行などする機会のない庶民が救いを得られてこそ仏教なのだと信じ行動しました。

それまでの仏教の枠からは外れていたかもしれませんが、こうした親鸞の庶民の側に立った生き方が、弟子や庶民の共感を呼び、浄土真宗は後に日本最大の宗派へと成長したともいえます。

僧侶が妻帯し、子をもうけるという日本独特の仏教の形が、浄土真宗の成長に、そして、葬式仏教の確立に大きく貢献しました。

僧侶に子がいれば、その子が後継者となり、お寺は世襲制となるのが自然のなりゆきでしょう。何よりも強い血のつながりによって中核メンバーを固めることで、浄土真宗は成長してきたといえるでしょう。

また、世襲制であることによって、地域のコミュニティーの中でのつながりがいっそう強固になります。次は誰が住職になるのか、檀家なら誰だって知っています。お寺の家系が途絶えないかぎり、供養を任せられるという安心感があるのは事実です。しかし、お寺に限ったことではありませんが、世襲はいいことばかりではありません。子どもでありさえすれば住職になれるという環境には、ろくに修行をしない僧侶を生み出すという悪弊もありそうです。

善し悪しはともかく、親鸞のもたらした世襲によるお寺の継承と、江戸時代に確立した檀家制度によって、今のような日本独特の葬式仏教の姿が強固になったといえます。

＊1　**モーセの十戒**　旧約聖書に書かれている、古代イスラエル人のモーセが神から与えられたとされる十の戒律のこと。

「四十九日」の意味を知っていますか？

あまり修行に熱心ではない僧侶が、お寺の住職の跡を継ぐようなことがあっても、檀家に信心がある時代は、まだ大目に見てもらえたかもしれません。

今ではどうでしょう？

それほど信仰心があるわけでもない檀家にとってみれば、妻も子もいて酒も飲む僧侶というのは、葬式や法要を家業にしていること以外に、自分たちとの違いを見出せません。ありがたみが感じられないのです。ご先祖のお墓があるからお付き合いしているだけで、たとえば自らの人生において悩みを抱えたときに、救いを求める対象にはなりにくいでしょう。

もちろん、信頼されている僧侶が大勢いることも事実です。しかし、家業を受け継いだだけの一部の僧侶たちは、葬儀や法事の場に呼ばれてお経を唱え、お布施を受け取って帰っていくだけの存在になってしまっています。

その法事にどんな意味があるのか、唱えているお経に何が書かれているのか、僧侶から説明を受けたことがあるでしょうか？

お説教[*1]ですね。

昔は僧侶といえばお説教が長いと言われたものですが、式次第をそつなくこなすことに懸命な人もいるようです。

たとえば、四十九日の供養だけなぜ盛大に執り行なうのでしょう？

仏教が生まれたインドでは輪廻転生が信じられています。すべての命あるものは、死んでもまた生まれ変わるのです。肉体は滅んでも、意識あるいは魂と呼ばれるものは永遠につながっていて、次の肉体で新しい生命を得ます。

お経に書かれてあるストーリーによると、人は亡くなると七日目には、三途の川に到達し、その後七日ごとに裁判を受けるとされています。だから七日ごとに法事を営み、よい裁きが得られるよう供養するのです。

ちなみに、嘘つきの舌を抜くとされる閻魔《えんま》大王は、五回目の裁判を担当する裁判官です。

七回目の四十九日は最後の裁判です。浄土に行けるのか、あるいは次にどんな肉体を得るのか、この日の裁判で決まります。ですから四十九日の法要は盛大に執り行ない、傍聴席からお経を読んで声援を送るのです。

こうした由来を少しでも知っていたら、私たちが葬儀や法事に参列する意識も変わってくるのではないでしょうか。

葬式や法事が単なるセレモニーになり、お経が意味のわからない呪文になってしまったのは、きちんと商品説明を果たしてこなかった仏教界側の努力不足だったかもしれません。

仏教の教えが縁遠いものになり、やがてやってくる自分の死を、仏教に任せていいものか。そう不安に思う人が出るほど、今の仏教に救いを見出すのは難しくなっている側面もあるのです。

＊1 **お説教** 宗教の教え、考えを説くこと。

仏教の役割はどのように変化してきた？

以上のように、日本に仏教が伝わって以来、長い歴史の中で、仏教のスタイルも、その役割も何度か変化してきました。ここで、そのアウトラインをおさらいしておきましょう。

六世紀に伝わった仏教は、まず、日本という国の形をつくる基盤としての役割を与えられました。

飛鳥時代から奈良時代、僧侶は国家の体制を維持するために、国家公認の資格をもつ官僧として、仏教という学問を学び、加持祈祷を行ないました。仏教は国家のための宗教として保護され、栄えました。

平安時代には、遣唐使として唐で最新の仏教を学んだ最澄と空海が帰国しました。政治と密着した官僧によって俗化が進んだ奈良仏教とは一線を画し、奈良とは離れた地に修行の場を開きました。

最澄が開いた比叡山延暦寺から、法然、親鸞、道元、日蓮などが登場しました。それまで朝廷や貴族を相手にしていた仏教を、天変地異や戦乱の世で救いを求める庶民にまで広めたのが鎌倉仏教です。法然と親鸞は「南無阿弥陀仏」と唱えれば極楽浄土に行けるというシンプルな教えを説き、仏教は一気に広まりました。

これらの鎌倉仏教の僧侶は、きちんと供養してほしいという庶民の願いに応じて葬儀を引き受けるようになりました。日本仏教と葬式の密接な関わりのスタートです。

江戸時代、幕府はキリスト教を禁止するため、日本人全員をどこかの寺に所属させる檀家制度を導入しました。浄土真宗の拡大によって世襲制の寺が増え、お寺と檀家、地域との関係性が固定化されました。僧侶は地域の葬儀・法事を一手に引き受けることを代々の家業とするようになり、葬式仏教が確立しました。


そして現在。信仰心もお寺とのつながりも希薄になり、葬式をお寺に任せることの意義さえ問われています。お寺の存在感が薄くなった今、仏教の教えも一般の人々には伝わりにくくなっています。

「葬式仏教」時代以降、日本人は特定の宗教を信じているという自覚をもたない「無宗教」の民族になったといわれています。しかし、何かに救いを求める気持ちがなくなったわけではありません。そこで目立つようになったのが新興宗教やカルトの存在です。

オウム真理教はどこで道を誤ったのか？

毎春、大学に新入生が入ってくる時期になると、「カルトに注意！」の告知がキャンパスで目立つようになります。一般にカルトと目されるグループが、新人のスカウトに熱心な時期だからです。

一九九五年三月、東京都心の地下鉄に神経ガス・サリンを散布するというテロ事件「地下鉄サリン事件」を起こしたオウム真理教は、今もその後継組織が活動を続けています。

地下鉄サリン事件当時、事件を取材する過程で、私なりにオウム真理教の教義や修行の内容を詳細に調べてみました。

オウム真理教の教義は、ヒンドゥー原理主義[*1]をベースにしており、チベット仏教の修行体系を取り入れています。私の知る限り、多くの一般信者は教義に沿って真面目に修行に励んでいたようです。輪廻転生があるのだから、生き物は大切にしなければならない。そうしたルールを守って生活していました。

全財産を教団に寄付して出家するという行為は、一般的には異常に思えるかもしれません。しかし、仏教の歴史の中では特別なことではありません。今の僧侶は何も失うことなく出家しますが、すべてを捨てて修行に入るのが本来、出家ということです。もちろん、今の社会で理解を得るのは難しいでしょうが。

ここでブッダを引き合いに出すのは失礼かもしれませんが、まるでブッダのもとに弟子たちが集まって教団が大きくなっていったように、オウム真理教も当初は教祖のカリスマ性によって大きくなった、素朴な宗教団体だったように見えます。

しかし、教団はある時期から姿を変えます。国家にまで影響を及ぼそうと巨大化を目指すようになったのです。早く財産を寄付させて出家させようと急《せ》かすような経営も行なわれました。

宗教団体が国を脅かすほどの存在となることは珍しくありません。

たとえば、鎌倉仏教を生み出した延暦寺は仏教の中心地だっただけでなく、貴族や皇族と関係を深め、政治的にも大きな力を持った一大勢力になりました。お寺なのに数千の兵士で武装までしていたのです。朝廷は制圧に手を焼き、戦国時代末期には、織田信長が焼き討ちにしたくなるほど強大な力を手にしていたのです。

振り返ってみると、ブッダはまったく違っていましたね。教団を作ろうと意図したわけではありませんし、大きくなってしまった教団を残そうという考えもありませんでした。日本では親鸞も、弟子をひとりもとりませんでした。

一方、オウム真理教は、教団拡大への野望が運営姿勢に露骨に現われるようになったことから、反社会的な組織とみなされるようになりました。社会から敵視された教団は孤立し、先鋭化していきました。

現世で悪いカルマ(業《ごう》)[*2]を積みながら生きていても、来世で苦しむだけだ。だから我々の手で、まだ清らかなうちに来世に送ってあげよう。これを「ポア」と称しました。こうした傲慢な持論から地下鉄サリン事件を起こし、崩壊を迎えたのです。

＊1　**ヒンドゥー原理主義**　ヒンドゥー教の原理や原則を重視し、近代的な世俗主義を邪教とみなす動き。
＊2　**カルマ（業）**　仏教の基本的な概念のこと。人間の行為によって何らかの結果が生じるが、そこで終わりではなく、次から次へとその後の状態に影響していくこと。

人はなぜカルトや新興宗教にハマってしまうのか？

オウム真理教の信者は、医師免許や弁護士資格をもつ者、理科系の優秀な学生など、一般的にいう真面目な若者ばかりでした。彼らは宗教に救いを求めていたのでしょう。

若者は多かれ少なかれ誰でも、社会に不満を抱きますし、色々な悩みを抱えます。

一九五十～七十年代は学生運動が救いの場でした。自分たちが世の中を変えられるかもしれないという希望をもって、政治的な運動に身を投じたのです。

しかし、一億総中流といわれるようになり、政治の季節が終わると、キャンパスは空白地帯になりました。若者が救いを求める場がなくなったのです。

そこに登場したのが、既存の宗教とは違う新興宗教です。

もともと子どもの頃から宗教的な空気に触れていない若者には、宗教という新しい価値観の登場は魅力的です。新興宗教は勧誘の手法も洗練されていますから、若者が仲間を求める気持ちや社会への不満などを利用して心に浸透してきます。

難しいのは、すべての新興宗教が悪いとはいえないことです。歴史を振り返ってみれば、今大きくなっている宗教・宗派は、誕生当時ことごとく新興宗教だったからです。たとえば、インドでは一二〇三年、仏教の中心地であったヴィクラマシーラ寺院がイスラム教徒によって破壊され、仏教が衰退を迎える契機となりました。当時、イスラム教はインドにおける新進気鋭の新興宗教でした。

仏教がなぜインドで滅びたのか、色々な推測がなされています。抽象的で複雑な思想となって庶民感覚から遊離してしまったという説、あるいは、社会の上層部の信仰にとどまり、底辺にまで行きわたらなかったという説、積極的に伝道する動きがなかったという説など様々です。

仏教はもともとバラモン教に対抗する勢力として台頭しました。仏教自体も新興宗教だったのです。しかし、新たな対抗勢力としてイスラム教が台頭し、仏教の役割を奪ったということも大きな理由のようです。

イスラム教は力で敵をねじふせるようなイメージがありますが、必ずしもそれだけではありません。実際は地域によって柔軟に姿を変えることで浸透していきました。

イスラム教では偶像崇拝はしてはならないとされていますが、イランのイスラム教徒の一派であるシーア派は、聖人の肖像画を掲げます。他の宗派では神様にお願いごとをしたりしませんが、彼らは聖廟《せいびょう》（聖人を祀った堂）に赴き、ちょうど私たちが日本の神社でするように、お願いごとを書いた紙を聖廟にお供えします。

一方では異教徒を武力で抑え付け、他方ではインドの庶民の信仰に柔軟に浸透していった結果、庶民は新興宗教であるイスラム教をスムーズに受け入れたのかもしれません。

日本では、鎌倉仏教のすべてが既存の仏教の枠を超えた新興宗教でした。「南無阿弥陀仏」と唱えるだけで浄土に行けると説いた法然は、スキャンダルに巻き込まれて流罪になってしまいました。弟子の親鸞もその巻き添えをくらいました。確かに、それまでの仏教の概念をくつがえしかねないのですから、抵抗が大きかったのもうなずけます。また、日蓮は他の宗派を激しく攻撃したため、鎌倉幕府から危険思想とみなされて流刑になりました。

いずれも既存の仏教界にとってはカルトだったでしょうが、既成概念を打ち破ってくれるからこそ、庶民はそこに救いを見出したのです。

新興宗教やカルトが力を得るのは、既存の宗教や価値観が人の心を惹きつける力を失っているからです。伝統仏教ではなく、新しい時代にできた仏教のほうが魅力的に思えるのは、多くの人が伝統仏教の姿に、すでに救いを見出せなくなっているからでしょう。

仏教はソフトな教えで日本人は受け入れやすい

信心深いという言葉には、どんな印象があるでしょう?

かつての日本では、とてもいい意味を持っていたはずです。しかし、今の日本では、あまりいい印象を与えるとは思えません。宗教を信じるということ、そして、それを主張することが特別なことになっているからです。他の人と同じであることを大切にする日本人にとって、信仰を持っているとは言い出しにくい世の中になってしまいました。

無宗教であることが普通。少しでも仏教に関心を持とうものなら宗教にハマったと言われてしまう。かつて日本人の心の支えであった仏教も、それほどマイナーなものになってしまったのですね。

しかし、お寺や神社を訪れる人は減っていません。空海ゆかりの八十八カ所を巡るお遍路も人気のようです。古くから霊験あらたかといわれている場所はパワースポットと呼ばれ、若者を惹きつけています。仏像ブームなどもありますね。

多くの人は物見遊山気分かもしれません。しかし、無宗教になってしまったかのような日本人も、本当は今でもどこかに救いを求めているのではないでしょうか？　それが既存の宗教に見当たらないから、パワースポットに、あるいは霊能者や占いといった人知を超えた世界に惹かれるのだと思います。

大きな災害や経済危機といった、個人ではどうにもならない逆境を経験すると、超自然的な力や運命というものの存在を信じ、頼りたくもなります。パワースポット巡りには達成感がありますし、霊能者や占い師は、その中身はともかく、何らかの答えを教えてくれます。

一方、人生相談をもちかけたくなるような僧侶、なんとなく通いたくなるお寺。そんな存在には残念ながらなかなか出合えないのが現状です。

とはいえ仏教もまったく期待されていないわけではないと感じています。私の身の回りでも興味を持つ人が増えていますし、仏教についてわかりやすく語ってほしいと望んでいる人も大勢います。

救いを求める人に大きな決断を強いたり、苦行を勧めたりしないソフトな教えである仏教は、とくに今の日本人には受け入れやすいことでしょう。自分をそれほど変えることなく、救いを見出すことができる。こうした仏教がもっているやさしさに少しでも触れるチャンスがあれば、パワースポット巡りと同じような気軽なノリで接してもらえるのではないかと感じています。

今、人を救う力を持つ仏教に出合うには

仏教の魅力が多くの人に伝わりにくいのは、必ずしも仏教界だけの問題ではありません。影響力を持っているテレビなどのマスコミでは、特定の宗派の動きを大きく伝えにくいのが現状です。

お寺や仏教者の側から情報発信をしたり、行動を起こしたりしているケースは、しばしば目に入るようになってきました。たとえば地域の高齢者福祉に深く関わったり、海外で長年にわたってボランティア活動を続けていたり、東日本大震災の被災地に駆けつけたり。お寺で待っているのではなく、積極的に人を救うために行動している元気なグループには、私も注目しています。

人の死に関わるだけでなく、生きるための仏教を復活させようという動きが、至るところで感じられます。もう江戸時代ではないのですから、檀家であることを強制する檀家制度は、すでにありません。信頼のおける僧侶やお寺とダイレクトに縁を結ぶ

ことのできる環境にあります。実際、葬式の仕方を自分で決める人も増えてきました。

お寺の側からいえば、人口が減っていく中で、じっとしていたら檀家との縁は薄まる一方です。人の集まる都市部ならともかく、地方ではお寺の存続自体が危ぶまれています。

魅力的なお説教をしたり、社会に出て人を救う活動に関わったり、ブッダの教えをわかりやすく伝えるコミュニケーターとなるなど、僧侶一人ひとりが仏教者としての個性を発揮すれば、仏教そのものがもっと活気をとりもどすのではないかと期待したいものです。

このように私が仏教に期待しているのは、実際に期待に応えてくれる人物がいるからです。

残念ながら日本仏教ではありません。今のところ私に仏教への希望を抱かせてくれるのは、チベット仏教を代表する最高指導者であるダライ・ラマ十四世です。身近に日本仏教があるにもかかわらず、それを飛び越えて、ダライ・ラマ法王の説法や著書を通じて仏教を知ったという日本人も増えています。

もともとチベット仏教は、中国仏教のフィルターを経ていないこともあって、インド仏教の源流に近いといわれています。チベット仏教から仏教を学ぶというのは、アプローチとしては間違っていないでしょう。欧米では、仏教といえば、多くの人がダライ・ラマ法王を思い浮かべるほど、チベット仏教が浸透しています。

日本が危機を迎えている今、救いを求める気持ちに応えてくれるような仏教者が日本に登場することを期待しつつ、再びダライ・ラマ法王にお会いするためインドに出かけましょう。仏教発祥の地インドで、法王はどんな新しいヒントをくださるのでしょうか。

第二章

仏教発祥の地インドへ。

ダライ・ラマ14世との対談

Part 1

チベットの高僧、タムトク・リンポチェに聞く

インドの中の小チベット、ダラムサラへ

インドの首都ニューデリーから北へ約五百キロ。ヒマーチャル・プラデーシュ州のダラムサラは特別な町です。チベット仏教の最高指導者、ダライ・ラマ十四世がいるからです。

ダラムサラの町の中心部はインドの普通の町ですが、山道を上り、標高約一八〇〇メートルの斜面にへばりつくように建物が建ち並ぶマクロード・ガンジというエリアに入ると、そこだけが小さなチベットと化しています。

一九五九年三月、ダライ・ラマ法王は二十四歳のとき、中国の軍事的な圧力にさらされていたチベットを後にし、インドに亡命しました。そのときインド政府から与えられた亡命先がマクロード・ガンジです。法王がここにチベット亡命政権を置いて以来、故郷を失ったチベット人たちが集まり、僧院や学校を建て、小さな町がつくられ

ました。

インドにしては涼しく、いつもヒマラヤ山脈の白い頂を望める標高の高いこの地は、「世界の屋根」と呼ばれるチベット高原から亡命してきた人々の仮の住まいとして最適だったといえるでしょう。

しかし、仮住まいだったはずが、チベット問題が解決しないまま、すでに半世紀を超えてしまいました。

マクロード・ガンジ周辺には約八千人のチベット人が暮らしています。ダライ・ラマ法王がいる聖地として、多くの外国人も集まるようになりました。亡命チベット人たちの都として、チベットの仏教や文化を世界に発信する拠点として、そして、世界中からツーリストが集まる観光地として、小さな町が大きな存在感を発揮しています。

牛が自由に行き来する狭い道路の両側には土産物屋がぎっしりと並び、夜明け前から車のクラクションがけたたましく鳴り響く。バリ島のクタかレギャンかといった趣の、アジアの混沌そのものの光景が繰り広げられるメインストリートの端に、ダライ・ラマ法王の住まいと法王が所属するナムギャル僧院があります。

二〇一二年五月、私はマクロード・ガンジを訪れました。ダライ・ラマ法王との四度目の対談の機会をいただいたからです。

雨期を迎える前のインドでは、下界の気温はすでに四十度を超えていますが、マクロードガンジは暑くもなく寒くもない、もっとも過ごしやすい時期です。

折しもチベットの暦では、ブッダの生誕、悟り、入滅をお祝いする四月の十五日が近づいていました。ナムギャル僧院では砂曼荼羅が完成し、連日、供養の儀式が行なわれていました。

曼荼羅というのは、仏様の世界を幾何学的な紋様で描いたものです。絵画ではなく、着色した砂粒だけでつくる砂曼荼羅が、もっとも正式な形だといわれています。

今回つくられているのは、カーラチャクラという仏様の砂曼荼羅です。十一世紀のインド、急成長したイスラム教勢力によって仏教が滅びようとしていたころ、最後の密教の経典として『カーラチャクラ・タントラ』が完成しました。そこに登場するご本尊がカーラチャクラです。ダライ・ラマ法王とは非常に縁の深い仏様だそうです。

ダライ・ラマ法王にお会いする前に、私はまずナムギャル僧院を訪ね、僧院長のタムトク・リンポチェにお会いしました。これまであまり知らなかったチベット仏教について、高僧直々に教えを請うためです。

「日本からはるばるいらして、お疲れになりませんでしたか？」

タムトク・リンポチェの温かい言葉から、「仏教講義」は始まりました。

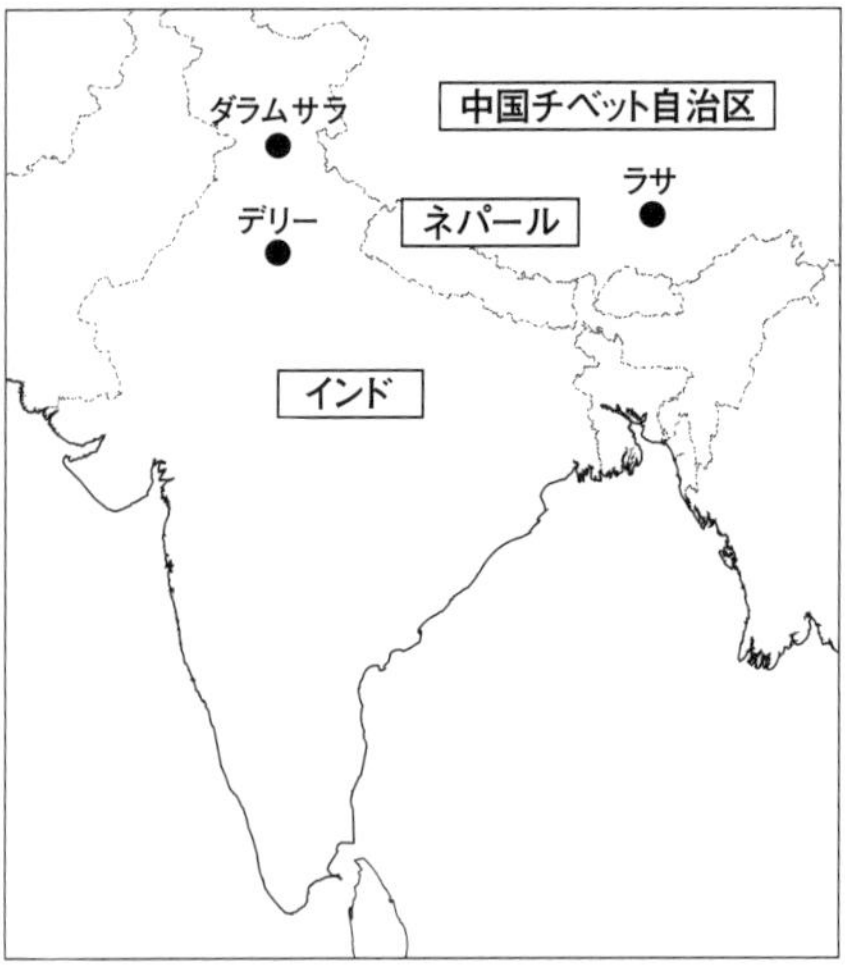

現在のチベットと周辺国

仏教を本来の形のまま受け継いだチベット人

チベットに仏教が伝わったのは七世紀頃とされています。日本への仏教伝来は六世紀半ばですから、さほど違いはありません。国づくりの基礎として仏教を取り入れた点も共通しています。では、チベットはどのように仏教の国になっていったのでしょう?

チベットは仏教国であり、チベット人のほとんどが仏教徒です。仏教はインドが発祥の地ですが、チベット仏教の持つ大きな意味は、インドから直接伝わったということでしょう。

インドでは五世紀以降、ナーランダー僧院という仏教大学を中心に仏教が繁栄し、広がっていきました。ナーランダー僧院の優れた学者であったシャーンタラクシタとカマシーラがチベットを訪れて仏教を広めてくださったのであり、ナーランダー僧院の大勢の偉大な学者たちがブッダの教えに対する解説書を数多く残してくださったおかげで、私たちはブッダの教えを正しく理解し、修行することができるようになったのです。

私たちチベットの仏教徒は、ナーランダー僧院から直接、小乗、大乗、密教というすべての教えを受け継ぎ、学び、修行をしてきました。チベットは、仏教を本来の形のまま受け継ぎ、実践を通じて仏教の繁栄に貢献してきた唯一の国だろうと考えています。

すべてのチベット人が、仏教について完璧に知っているわけではありません。しかし、私たちは本当に強い信仰心を持ち、仏教を心から敬っています。そうした意味で、私たちチベット人は仏教にとって非常に大きな意味を持った民族ではないかと考えています。

三大僧院と呼ばれるセラ寺、デプン寺、ガンデン寺をはじめ、仏教を正しく学び、修行する場がきちんと確立していたことも、私たちの国が持つ意義でしょう。

ナーランダー僧院といえば、唐の玄奘三蔵も学んだ仏教大学です。玄奘たちが中国に伝えた仏教が、いったん中国というフィルターを通ることで中国風に変化して日本に伝わった経緯は前章でお伝えしました（46ページ参照）。

チベットにはインドから直接仏教が伝わりました。ここが日本の仏教との大きな違いです。その後、チベット風の仏教に変化を遂げました。その特徴のひとつが、ダライ・ラマ法王という類い稀な存在を生み出したことです。

リンポチェはダライ・ラマ法王をこう語ります。

チベットには観音菩薩への強い信仰が古くからありました。この観音菩薩の慈悲の現われとして、人々を救うためにこの世に現われるのが、ダライ・ラマ法王です。

現在十四世ですが、人のお姿をとって生まれ変わってきてくださることに対して、私たちは非常に深い恩義を感じています。法王が特別な点のひとつは、ブッダの説かれたお言葉を現代にまで語り伝えてくださるということです。法王の計り知れない深い慈悲の心に、私たちは心の底から篤い信心を抱いているのです。

チベットでは高僧の後継者に「生まれ変わり」が選ばれる

ダライ・ラマ法王はチベット人たちにとって観音菩薩そのものの尊い存在です。しかし、タムトク・リンポチェも法王のお寺であるナムギャル僧院のトップを任されているのですから、尊い高僧と言えるでしょう。

リンポチェとはチベット語で「宝」という意味で、高僧の尊称として使われます。日本語でいえば、親鸞上人の「上人」のようなものです。時々新聞報道で「リンポチェ氏は……」と書かれていることがありますが、名前の一部だと誤解しているのでしょうね。

さて、リンポチェはどのように仏の道に入って、宝となったのでしょう?

――私はチベットの東部、カム地方のリタンで生まれました。五歳のときに、カム地方の大僧院のひとつ、リタン寺の先代タムトク・リンポチェの生まれ変わりと認定されました。リタン寺は、ダライ・ラマ三世により創建された古刹《こさつ》です。私は両親のもとを離れ、リタン寺に入りました。

お寺に入ってからは、チベット語のいろはから勉強を始めました。ですから、初めから信仰を持っていたわけではありません。幼い頃からお寺に入ったため、決められた道に自然に従ったということです。

両親と離れて遠い所に行くのが嫌だとか、僧侶になるのが嫌などという気持ちは持ったことがありませんでした。幼い頃から、僧院にいるのが非常に幸せで快適だと感じていました。リタン寺には一九五七年までいて学問を続けました。

その頃すでに中国人民解放軍がチベット各地に侵攻しており、多くのチベット人が犠牲になりました。共産主義を目指す中国にとって排除すべき古い体制の象徴であった僧院は、特に激しい攻撃を受けました。リンポチェはリタン寺からラサに移り、三年間は勉強を続けたものの、一九五九年、中国軍の襲撃によりチベットを後にしたのです。

一九五九年にインドに亡命したとき、私は十一歳でした。ろくに食べるものもなく、ずっとおなかを空かせながら山々を歩いて越えました。四月でしたから、雨に降られたり、雪に降られたりして寒い思いをしましたが、毛布はもちろん、衣服や靴にさえ事欠く状態でした。

まだ十一歳ではありましたが、仏教の修行が、そうした辛い状況を乗り越えるのに大いに役立ったのを覚えています。

リンポチェは幼い頃、高僧の生まれ変わりに認定されたといいます。チベット仏教では、高僧の後継者は、世襲や試験ではなく、先代の生まれ変わりが選ばれます。認定されたとき、いったいどんな気持ちだったのでしょう？

生まれ変わりに認定されても、お坊さんになんてなりたくないとだだをこねたり、両親と離れたくないという子どももいます。私はそういったことは、まったくありませんでした。自分がそのような状況を迎えたことを、自然に穏やかな気持ちで受け入れることができたのです。

生まれ変わりだと確かめるには、先代が使っていた持ち物を正しく見分けられるか、などといった色々なテストが課せられます。ダライ・ラマ十四世も三歳のとき、先代十三世の所持品だった数珠や杖を正確に見分けたといいます。リンポチェもやはり、そうしたテストを受けたのでしょうか？

同じようなテストがありました。目の前に並んだ数珠や金剛鈴を正確に選んだといわれています。ダマルというでんでん太鼓のような法具を見せられたとき、「昔ついていた珊瑚がなくなっている」と言ったそうです。これが皆を大いに驚かせ、認定の決め手になったそうです。私自身ははっきり覚えていないのですが、後でそう聞かされました。

輪廻の中に再び生まれてくるということ

このような方法で後継者が選ばれるのは、チベット人が輪廻転生を信じているからです。高僧が亡くなった後、本人の心、あるいは魂といったものが、別の肉体を得て生まれ変わるとしたら、その人が後継者となるのが当然でしょう。本人なのですから。

この輪廻転生、現代の日本人にとって、わかるようなわからないような、不思議な存在です。心の底から受け入れているとは思えません。信じていたら、お墓なんてつくらないでしょう。

生まれ変わりというのは、どういうことなのでしょう?

たとえば、愉快で幸せな人生を送る人がいる一方、人生において幾度も苦境に見舞われ、困難ばかりに出くわす人もいます。いつも心の中に不安や心配ばかりを抱えている人がいる一方、常に幸せに過ごしている人もいます。人生は人によって違うのです。

動物界でも同じでしょう。同じ動物に生まれても、苦しんでばかりの動物と、幸せに生きている動物とがいます。

同じ生を受けているのに、違いが出てくるのはなぜでしょう?

よい心の動機を持って、よい行ないをした者には美しく生まれたり、幸せな人生を送れるといった結果が訪れます。逆に、悪い心の動機を持って人を傷つけようと企てたり、実際に悪い行ないを起こしてしまった者は、その結果として、苦しめられる生を受けることになります。

最悪の場合には、地獄の生き物として生まれてしまいます。実際に地獄に堕ちないまでも、人間として生まれながらも、まるで地獄のような苦しみを味わう目に陥る人もいます。同じ生を受けているにもかかわらず、心の動機に基づいた行ないによって、状況に差が生じているのです。

同じ人間に生まれても人生に違いが出るのはなぜか？

私はリンポチェのお話を聞きながら、「自業自得《じごうじとく》」「因果応報《いんがおうほう》」といった言葉を思い浮かべていました。一瞬一瞬の心の動きや行動が、積もり積もって将来に影響を及ぼすというのは、納得できる考え方です。悪だくみをすれば自分に跳ね返ってきますし、地道によいことをしていれば報われます。ひとりの人生の中では、概ね正しいといえるでしょう。

チベット仏教では、これをもっと長いスケールでとらえているようです。生まれた瞬間から、戦乱の最中に生まれるのか、豊かな国に生まれるのかといった不公平が生じるのは決して偶然ではなく、その前の人生に原因があると考えるのですね。

人はなぜ、特定の場所、特定の両親のもとに生まれることになるのか？　前世からの積み重ねで、次の人生の初期設定が決まると考えるのですね。確かに科学的に証明することはできないでしょうが、だからといって科学的に否定することもできないのです。

ダライ・ラマ法王は常に平和な心を維持することができます。なぜそうなったのでしょう？　前世において非常によい動機によって、よい行ないをされた結果として、現在、心を惑わされることなく、心の平和を保てる境地を味わっておられるのです。

それぞれの現在の状態は、原因があって生じていると考えられます。輪廻の中に再び生まれ変わるということを何も調べることなく「そんなものはありえない」と言ってしまうことはできないと思います。目に見えないからといって存在しないとは断定できません。

同じ人間に生まれていても、人によって人生に大きな違いが出てくるのはなぜか、その理由をよく考えてみましょう。

私たち人間には、煩悩と呼ばれるさまざまな破壊的な感情が備わっています。煩悩におかされた状態で行動してしまうと、誤った行ないとなり、結果として苦しみに陥ってしまいます。

逆に、他者に対する優しさや思いやり、愛や慈悲の心を動機とし、よい行ないをした場合、将来的には自身の心に安らぎと平和を得ることができます。

煩悩が悪しき行ないを生み、その結果として苦しみが生まれる。そうリンポチェは説きます。その苦しみは、今の人生だけでなく、来世にまで及びます。生まれ変わったからといってゼロから再起動というわけではないようです。

煩悩を取り除くことによって、煩悩が引き起こす悪しき行ないを食い止めれば、この世の苦しみを減らせます。さらに来世へ繰り越す苦しみの貯金も減らせます。その方法を説いたのがブッダでした。

仏教を学んだり実践する時間がない日本人

チベット人たちはこうした仏教の教えによって、心の平安を得ることができるのでしょう。しかし、現代の多くの日本人は不安にさいなまれ、苦しい思いをしています。日本では仏教が、チベット仏教のように正しい役割を果たしていないのではないでしょうか？

日本の仏教が役に立っていないとは決して思いません。

日本の仏教は、インドで生まれた仏教が中国を経由して伝わった正当な教えです。ブッダの教えが詰まった経典、それらの経典について偉大な学者たちが記した解説書。日本にも両者がきちんと伝えられています。

仏教の土台となる教えとして「四聖諦《ししょうたい》」、すなわち「四つの聖なる真理」という教えがあります。苦しみが存在するという真理、苦しみには原因が存在するという真理、一切の苦しみを止滅させた境地が存在するという真理、その境地に至ることのできる実践の道が存在するという真理。これが四聖諦と呼ばれています。この教えも日本にきちんと伝わっています。

日本の仏教もチベット仏教と同じく大乗仏教です。菩薩の修行も伝わっていますし、密教もきちんと伝わっています。大乗仏教の教えがきちんと伝わった国であるという意味で、仏教という観点からは、劣った点は何もないのです。

しかし、私が拝見するに、日本の皆さんは本当に時間がなくて、いつも急いでいらっしゃる。仏教をじっくり学ぶ時間も、実践する時間もありません。欠点があるとすれば、この点でしょう。日本の仏教自体に何らかの欠点があるとは私は思いません。

誰にとっても時間は一日二十四時間あります。私たちはそのうち、どれだけの時間を自分の心を見つめるのに使っているでしょうか？

チベット人よりずっと少ないのは事実でしょう。同じような仏教が身近にあっても、その価値に気づいていないのかもしれません。

仏教によって、私たちはどのように苦しみを遠ざけることができるのでしょう？リンポチェはブッダが説いた四つの聖なる真理に沿って、その方法を示してくれました。

日本に限った話ではなく、物質的な向上を図ることで幸せが得られるのだと勘違いしてきた人がたくさんいるようです。

自分の将来像を描くとき、結婚して家族を作り、素敵な家に住んで、車を持って、といった理想を思い描き、実現すれば幸せになれると信じて努力しているように見受けられます。しかし、想像したような幸せは得られないでしょう。仮にそうしたビジョンがすべて実現したとしても、完璧な幸せが得られるかといえば、決してそんなことはありません。

外面的に見て、快適だと思われる条件をすべて整えたとしても、心の平和を得ることはできないのです。これは皆さんご自身の体験に即して考えても、きっと理解していただけるでしょう。

自身の心の中によい変化をもたらさなければ、心の平和を確立することはできませんし、本当の意味で幸せになることはできないということです。

苦しみは確かに存在しますが、苦しみをなくす方法もあります。その方法論をきちんと実践すれば、苦しみをすべて滅《めっ》することができる。そうブッダは明らかにしています。

では、どんな実践をすればいいのでしょうか？


大切なのは菩薩の修行を心がけることです。慈悲の精神を育み、利他の精神、つまり自分さえよければいいという利己心を捨て、自分以外の命あるものすべての幸せに思いを馳せることによって自分自身も幸せを得られるのだということを理解していく。これが菩薩の修行です。

私たちは自分さえよければいいという考えに陥りがちですが、そうした考えでは幸せになることもできませんし、周りの人たちを幸せにすることもできません。よりよい変化を心の中にもたらすためには何をしたらいいのか、どんな手段があるのかを学んでいかなければなりません。

その方法を正しく学び、実践していくことができれば、自分の心の状態を少しずつ向上させられます。たとえ社会全体が苦しい状況にあっても、自分自身の心が惑わされることなく、心の平和を維持することができたなら、私たちは心に満足感を得ることができるでしょう。

自分の心の中によりよい変化をもたらすには、具体的にはどうしたらいいのでしょうか？　その最初の一歩として、すでに身近にある日本の仏教を役立てよう。そうリンポチェはすすめてくださいました。

短い時間で急激な変化を期待することはできません。日々少しずつ積み重ねていくことが大切です。心の中に徐々に平和を育んでいくことで恐れや不安は次第に薄らいでいくでしょう。

死は安らかなものになる心に満足感があれば

仏教によって不安や恐れを取り除くことができ、心の平和を築くことができるとリンポチェは説きます。死に対する不安も克服することができるのでしょうか？

戦後のベビーブーム世代、大量に生まれた人たちが間もなく六十五歳を迎えます。誰もが自分の死を意識する年代になります。その中で死に対する恐れや不安を持っている人も大勢います。

いずれ死を迎える存在として、死とどのように向かい合えばいいのでしょうか？

死は人生において最後に迎える苦しみです。その苦しみを少しでも和らげることができるよう、今からできることは？

——

死に直面したとき、役に立つのは何でしょう？

自分がそれまでよい行ないをしてきたという事実です。正しい実践をしてきたという自信が、死に直面したときに大きな意味をもちます。私たちが死に直面するまでに注意すべきことは、正しい行ないをするよう自分を方向付けていくことです。

普段私たちは、自分自身の身体を、所有する財産を、あるいは親しい人たち、友人、家族を、非常に大切にしています。皆さんもそうですよね？　しかし、死に直面したときには、いずれもまったく役に立ちません。

死に直面したとき、私たち自身の心の中に満足感があれば、他の生きとし生けるものに対するやさしさと思いやりがあれば、あるいは、他の人たちの役に立ちたいという利他の心があれば、私たちの死は確実に安らかなものとなります。

つまり、悪い行ないを一切しないように努力し、できる限りよい行ないをして功徳を積んでいれば、非常に安らかな心持ちで死を迎えることができます。

できるだけのことをしたんだという満足感があり、他の人たち、他の命あるものたちに害を与えることもなかったと人生を振り返ることができれば、死を喜びをもって、何の不安もなく迎えることができます。

そうした死を迎えるのは決して簡単ではありません。死ぬまでに、完璧に正しいことができたと思うようになれることが理想ですが、実際はほとんどの方が不安や

――心配をたくさん抱えているのです。

いくら財産や地位を築いても、「やって後悔した」「やらずに後悔した」といった思いがあっては、安らかな気持ちで死を受け入れられませんね。

自分の志に沿わない仕事を強いられている方、本当にやりたかったことを抑えている方は多いでしょう。若い頃なら、色々な経験をして世界を広げることが必要かもしれません。しかし、人生も後半戦に入ったなら、「このまま続けていて後悔しないか？」を基準に生き方を見直してみる価値はありそうですね。

――

大切なのはこれからです。

これからの人生をできるだけ注意深く送ることです。他の人たちの役に立ちたいという思いで、やさしさや思いやりをもって接することによって、自分自身の心を安らかな状態に近付けることができるでしょう。

自分が今までしてしまった間違った行ないをできるだけ清めていきます。告白し、懺悔し、正しい行ないをすることで、過去の間違った行ないを浄化することができるのです。こうした姿勢でこれからの人生を送れば、死に直面したときに、大いに役に立つと私は思います。

死に直面したとき、それを恐れるのか、何の不安もなく迎えられるのかは、皆さんご自身の手中にあるのです。

死を不安に思ったり、恐れたりしないためには、後悔しない人生を送ることが第一だとリンポチェはおっしゃいます。そして、後悔しない人生とは、物質的な達成感ではなく、いかに心が満たされているかが基準です。

「大切なのはこれから」というのが、リンポチェから私たちへのメッセージです。

仏教の教えを個人のみではなく社会全体に広げていけるのか?

仏教は一人ひとりの心の平和を実現できる教えであることがわかりましたね。これを個人の単位ではなく、周囲に、社会全体に広げていくことはできるのでしょうか?世界では今もなお、さまざまな紛争や戦争が続いていますが、世界の平和を確立するために、仏教はどんな役割を果たすことができるのでしょう?

世界平和は誰もが望んでいることですし、世界中至るところで叫ばれています。しかし、一般的に言って、世界平和を達成することは非常に難しいことです。

仏教の修行を通じて自分の心に平和を築くことはできます。しかし、これはあくまで個人の心の平和です。他人に分け与えたり配ったりすることはできません。

心の平和を壊しているのは、先ほどもお話しした煩悩です。煩悩にもいろいろな種類がありますが、すべての煩悩の源には無知の心があります。無知というのは、すべての現象、物事のありようを正しく知らないことです。

完璧な世界平和を確立するためには、地球上のすべての命あるものたちが、無知の心を晴らさなければなりません。

リンポチェが無知の心とおっしゃっているのは、第一章で見た三毒（31ページ参照）のうち、根源的な煩悩である無明のことです。物事のありようとは、すべての物事は移り変わるものなのだという「諸行無常」や、すべての物事には実体がないという「諸法無我」などを指しています。この無知の心を晴らすことはできるのでしょうか？煩悩をなくすにはどうすればいいのでしょう？

無知の心を晴らすには、「諸法無我」といわれているように物事の究極のありようを正しく知る智慧を育まなければなりません。

一度にできるわけではありません。段階的に少しずつ智慧を育んでいき、完璧なものに近付けていく修行が必要となります。こうした修行を実践し、すべての物事のありようを正しく理解する智慧を育めたとき、私たちは無知の心を晴らすことができるのです。この世の命あるものすべてが無知を晴らすことができたとき、完璧な形で世界平和が達成されます。しかし、これは、非常に難しいことです。

確かに完璧な世界平和は難しいことです。しかし、希望はあるのだとリンポチェはおっしゃいます。それは私たちが知性を持った人間だからです。


現在のダライ・ラマ法王が最高の模範になると思います。この世界に平和をもたらすための努力をされている、もっとも優れた存在ではないでしょうか。

法王は私たちに「二十一世紀の仏教徒になれ」と説かれます。現代において必要とされている知識や教養を正しく備えた上で、私たちがひとりの人間として、他の人をやさしく思いやる気持ちを持っていなければならないとおっしゃっています。

世界中の人たち一人ひとりが、世界平和を築くための責任を果たそうという気持ちで努力すれば、この世界を徐々によくしていけると私は考えています。世界が抱えているさまざまな問題を少しずつなくしていくことにも役立つと信じています。

私自身、法王の教えを何度も受けてきたことで、計り知れないほどよい影響をいただきました。自分の心をより高めていくために本当に役立ったと強く感じています。私は六十五歳を過ぎましたが、人生が非常に意義あるものになっているという満足感を得られるようになりました。法王様のおかげであると非常に深い恩を感じています。

リンポチェに限らず、チベット人たちはダライ・ラマ法王を、仏教の師として、民族の指導者として心から慕っています。その影響力は信仰や民族を超え、世界中の人々を魅了しています。

私も今まで三度法王とお会いしましたが、その度にハッピーな時を過ごすことができました。考え方や生き方について多くのヒントをいただき感謝しています。

インドは、私が二十三年間過ごしたイタリアのようにすべてが整った状況にはありません。しかし、毎朝、目覚めるたびに、自分自身がどれほど恵まれた人生を得ているのか、どれほどありがたいことなのかと感じています。

法王の慈悲に基づいたすべての行ないや考え、利他の行ないを目にするたびに、思い起こすたびに、自分自身に大きく役立っていると強く感じます。この世のすべての人たちに同じように役立っているのだと確信しています。

日本の皆さんも、できるだけ人の役に立てる存在になろうと考えてみましょう。仮に人の役に立つことができないとしても、少なくとも害を与えることだけは決してしないと心に誓い、非暴力の姿勢を貫きましょう。そうした姿勢が自身の心に平和をもたらし、ひいては世界平和をもたらす唯一の道であると私は信じています。

チベット人が揺るがない信仰心を持っているのは、ダライ・ラマ法王という、模範となる存在が身近にいるからだということを、リンポチェのお話を通じて強く感じました。そして私もまた法王を通じて、仏教を強く意識するようになったひとりです。

心やさしくなれる町、ダラムサラ

インタビューの最後に、好奇心から「これまでに僧侶を辞めたいと思ったことはありませんでしたか？」と聞いてみました。

私は五歳のときから仏の道に入ったので、幼い頃から本当にたくさんの勉強をしなければなりませんでした。それは確かに大変なことでした。他の子どもたちが遊んでいるのを見ると、楽しそうだなと思ったことはもちろんあります。

若い頃には、美しい女性を見ると、一緒にいたら楽しいだろうな、などと思ったことも時々ありました。しかし、もしそうした道に入ったら、どうなるのかを考えてみます。一般には、結婚は人生において大切なことと考えられています。結婚して家族ができ、子どもができればきっと幸せになれるだろうと希望を抱いて結婚します。

最初の何日か、あるいは何カ月かは非常に楽しい時期が続きます。それが何年かすると、夫婦の間にはいろいろな問題が生じます。周りの人たちを見ていると、よくわかります。夫婦間の問題は次第に大きくなり、嫉妬心やら疑惑やらといった心配事が絶え間なく生じます。夫婦喧嘩のもとになり、ついには別れてしまったりします。

こうしたことが周りでたくさん起きているのを見て、自分が歩んできた道は間違っていなかったと信じられるようになりました。

注意深く物事を観察すること、そして、自分の行ないが正しいかどうかを注意深く見守ることが大切です。そうした姿勢で自分自身の行動を見守りながら六十五歳になるまで過ごしてきましたが、自分は正しい道を歩んできた、本当に恵まれた人生だったと心から思っています。

リンポチェといえども、初めからリンポチェだったわけではないのですね。最後にとても正直なお話を聞けて、仏教を通じて培われてきたリンポチェの人柄を身近に感じることができました。

仏教の講義を終えて、リンポチェと歩きながら話していたとき、私はふと気になって「なぜ亡命しようと思われたんですか？」と聞いてみました。ダライ・ラマ法王が亡命したから後を追った、ぐらいに考えていたのですが、リンポチェの答えは驚くべきものでした。

――――――

中国人民解放軍の襲撃を受けて、家族十六人のうち、両親を含めてほとんどが亡くなりました。法王様がインドにいらっしゃるからというより、チベットにいることができなくなったんです。生き残ったのは私と、年下の兄弟だけでした。

その答え自体に驚いたのはもちろんですが、リンポチェがそのショッキングな話を講義の際にはおっしゃらず、いわば本番後の世間話のついでのように控えめに口にされたことに、私は驚きました。

まだ幼かった頃、それだけの過酷な目にあっていれば、私なら真っ先に言うでしょう。しかし、リンポチェはすでに許しているのかもしれません。これもまたダライ・ラマ法王の近くで仏教を学んできた結果なのでしょう。

私はリンポチェのもつ人柄に、ますます惹かれました。

実はダラムサラでお話を伺ったのは、タムトク・リンポチェだけではありません。たとえば二十三歳の若い僧侶にも話を聞きました。一九九三年にチベットから亡命し、現在はナムギャル僧院で学んでいます。「朝起きたら何を一番最初に考えますか？」という質問に彼はこう答えました。

「私たちは歩いていて知らず知らずのうちに虫などを踏んでしまうことがありますよね。そうしたことをしないように、そして、仮に踏んでしまっても、その不徳ができるだけ小さくてすみますように、とマントラ（真言）を唱えます」

いかにも模範解答ですね。そう思ったのですが、リンポチェをはじめ幾人かのチベット人に話を聞いているうちに、この煩悩にまみれた私も、チベット人たちの振る舞いに影響されるのを感じました。道を歩くときには、うっかり蟻などを踏んでしまわないように、なんとなく気にするようになっていました。食事中にハエや蛾が寄ってきても、追い払いはするけれども殺生をしようという気にはなれません。

チベット人たちの包容力に影響されて、心も穏やかになります。約束してあったことが果たされなくても、レストランで延々と待たされても、不思議なほどいら立ちは感じません。ダラムサラというのは、そうした魅力的な町なのですね。多くの外国人がここで暮らしている理由もわかります。

今回のダラムサラ滞在で、通訳やコーディネートをしてくださったマリア・リンチェンさんは、ダライ・ラマ法王が来日される際、ほとんどの通訳を務めていらっしゃる日本人ですが、二十年以上ダラムサラに住んでいらっしゃいます。三人の子どもはチベット人と一緒に学校に通ってダラムサラで育ちました。

こうしてダラムサラでの心洗われる日々を過ごし、穏やかな心持ちになれた最終日、ダライ・ラマ法王へのインタビューを無事、迎えることができました。

Part 2

ダライ・ラマ14世との対談

ダライ・ラマ法王が住む厳重な警備の法王庁へ

ダライ・ラマ法王にお会いするのは四度目ですが、ダラムサラの法王庁に伺うのは初めてです。

法王のお住まいは通称「パレス」と呼ばれています。私はかつてチベットで訪れたことのある、歴代ダライ・ラマ法王の住まいであったポタラ宮や、夏の離宮ノルブリンカを思い出しました。しかし、ここ亡命の地ダラムサラでのパレスは、宮殿というには質素すぎる佇まいです。

ただし、さすがにセキュリティーは厳重でした。建物の外側は自動小銃を携えたインド人の警官が固め、建物の中に入るとチベット人が非武装で警備をしています。ダライ・ラマ法王はインドにとって大切な客人です。世界的な重要人物であり、中国からは敵とみなされている人物です。身辺警護にはとても気を配っているのがわかります。

中国との外交的な関係上、大っぴらに優遇はできませんが、半世紀以上も亡命政権の拠点を提供していること自体、これ以上の優遇措置はありません。インドという国の懐の深さを感じます。

世界を飛び回っている法王ですが、ダラムサラに帰ってきてものんびりはしていられません。僧侶としての修行を日々行なうのはもちろん、始終色々な人と会見したり、大勢の信者に謁見《えっけん》したりしています。

そんな忙しいスケジュールの中、法王は一つひとつの対話にじっくり取り組まれます。予定の時間が来たからハイ次の方、というふうにはなりません。ですから、自然に後ろへスケジュールがずれていきます。会う側からすれば、私たちのために時間を割いてくれたんだという満足感を得ることができます。

セキュリティーチェックを受けて待っていると、やはり予定が遅れていると言います。

しかし、私の心は穏やかです。インタビューの開始は予定より三十分遅れましたが、その分、どんなお話ができるのか、いっそうワクワクしながら待つことができました。

今回私が特に伺いたかったのは、震災から復興するにはどうしたらいいのかということ、そのヒントと、死とどのように向き合ったらいいのか。そこで仏教はどのように役に立つのかといった問題です。

法王は東日本大震災に深い哀悼の意を表わし、実際に被災地を慰問されています。

私はまずそのことから伺いました。

被災地の様子を見て悲しい気持ちに

池上 法王は東日本大震災の後、四月には日本を訪問され、東京の護国寺で東日本大震災四十九日特別慰霊の法要をされました。そして、十一月には被災地である仙台、石巻、郡山を慰問され、多くの人たちにお話をされました。その時、日本の人たちについてどのような印象を持たれましたか?

法王 被害が最も大きかった石巻市を訪問したとき、私の乗った車が被災地に近付くと、「ここまで津波が来たんですよ」と運転手さんが教えてくれました。そこから先は家々が破壊され、木が枯れたりしている風景が続きました。

海岸に近くなり、唯一建物の形を残している西光寺というお寺の前で車を降りると、愛する人々を失った被災者の方々がたくさん集まって、私を待っていてくれたのです。皆さんの様子から、今も被災者の方々が多くの苦しみや不安、不幸な気持ちを抱えていることを感じ、それを見て私もとても悲しい気持ちになり、思わず涙が出てしまいました。

訪問した西光寺で被災者の方々にお話をしたとき、「決して勇気を失ってはいけません。気持ちを奮い立たせなければなりません」と私が言うと、人々はみな頭を垂れて静かに私の話を聞いており、それがまた私の心を強く打ちました。ひとつだけ希望が持てたのは、集まっていた幼稚園の子どもたちが、楽しそうに笑顔を見せてくれたことでした。

池上 仏教には「因果応報」という考え方があります。東日本大震災は日本への天罰ではないかという受け止め方をする人たちがいます。そういう発言をした政治家もいました。日本人が直面している悲しい出来事は「因果応報」と受け止めるべきなのでしょうか？

法王 仏教的な観点から言うと、私たちは恵まれた楽しい状況や、つらくて悲しい状況に出合い、さまざまな幸せや苦しみを体験していますが、それらは、その原因と条件の集まりに依存して生じたものです。

私たちがどのような幸せや苦しみを味わうことになっても、それらは自身のよい行ないと悪い行ないから生じているのです。

一方で、結果として何らかの状況を生む条件となるものには、この自然界を成り立たせている地・水・火・風・空という五つの構成要素の変化もあります。ただし、五つの構成要素がどうして変化を遂げるのか、それについて深く遡って考えてみると、地球上の命あるものの行為と関係してきます。しかし、自然災害などの場合、その場の状況が生じた引き金になるのは五つの構成要素の変化であり、人間の行為には直接的にかかわりはありません。

このような大惨事が起きてしまい、多くの困難や苦しみに直面したとき、大きな違いをもたらすのは何かというと、私たちのものの考え方にあります。

普段から物質的な発展だけを追い求め、外面的な幸せを得ることだけを考えていたとしたら、内面的なことをあまり考えずに過ごしていたとしたら、このような惨事が起きたとき、すべての望みを失ってしまいます。

しかし、日頃からどのようなものの考え方をするべきかについて考え、心を訓練していれば、逆境に立たされた場合でも、心の中では希望や勇気を失わずにいることができるのです。「とても悲しいけれど、起きてしまったことは仕方のないことなのだ。まだ大丈夫だ」と考えることもできるのです。

そこで、昨年被災地を訪問したとき、私は被災者の皆さんに、「勇気を失ってはいけません。すでに起きてしまった悲しい出来事のことばかり考えずに、未来に向かってこれからの幸せを築くことを考えなければなりません」ということをお話しました。考え方をポジティブな方向に変えることによって、心の中には大きな違いが出てくるからです。

責任感、協調性、共同体の精神を発揮した日本人

池上 そのお話はよくわかるのですが、被災者や取り残された遺族の人々にしてみれば、愛する家族を失ってしまった悲しみからなかなか抜け出せない、なかなか立ち直れないという人たちがまだ大勢いらっしゃいます。その人たちはどうすればよいのでしょう？

法王 その気持ちはよくわかります。しかし、それはすでに起きてしまったことなのです。悲惨なことが起きたからといって、未来まですべて破壊されたわけではありません。日本という国は今も存在していますし、大惨事が起きたからといって、日本の全国土が破壊されてしまったわけではないのです。もっと広い視野に立って考えるべきだと思います。

被災地以外の地域に住んでいる多くの人たちが被災者の方々を助けにいきましたね。あなた方は、ひとりきりではないのです。多くの日本人が、今回の惨事の後、

責任感、協調性、そして共同体の精神を大いに発揮したと聞きました。

誰も助けてくれないという絶望的な状況ではなく、未来はまだ開かれているということを、被災者の方々はしっかり認識するべきだと思います。これからの未来は、あなた方自身の行ないと努力によって決まるのです。

強い決意と堅固な意志を失わず、希望を持って、一生懸命努力することです。決意と希望こそ、苦しみを乗り越えていくための現実的な手段だからです。すでに起きてしまった惨事を悲しみ続けていても、友人や失われた家や車を取り戻すことはできません。

動物たちには無理でも、私たちは人間なのですから、すばらしい知性を使って、未来についてもっと前向きに考え、取り組んでいけるはずです。そうすれば、新しい家庭を、新しい人生を築いていくことができます。

日本の方々はとても勤勉であり、その能力を持っているのですから、もっと自信を持って前向きに頑張ってほしいと思います。

もうひとつ付け加えるなら、一〇〇パーセント物やお金のことを考えるのではなく、物とお金は六〇パーセントにとどめて、四〇パーセントは内なる価値を高め、心によい変容をもたらすことを考えていただきたいと思います。そのようにしていけば、最終的にこの大惨事がよい師となって、皆さんをよりよい未来へと導いていってくれることでしょう。

法王はさりげない言い方で、日本人がこれまで物質的な価値を追い求めすぎてきたことを指摘されました。逆境こそが、精神的な価値に重きをおくことの大切さに気づくチャンスだと、日本人に期待してくださっています。

池上 そのように日本に期待していただいて大変嬉しく思います。しかし、日本は大震災の後、なかなか復興が進みません。国内での混乱が続いています。何が欠けていると思われますか？

法王 復興の遅延の原因を詳しく分析することが必要だと思います。惨事があまりに大き過ぎて早急に復興できないのであれば、それが事実なのですから受け入れなければならず、もっと忍耐強くならなければなりません。復興の遅延が政府高官の自己満足のせいだとしたら、もっとアピールして、必要とあれば抗議のデモもするべきでしょう。日本は民主主義の国であり、言論の自由があるのですから、もっと強く訴えかけて要請するべきだと思いますよ笑。

耳の痛い言葉ですね。日本は自由な国であり、まだできることはたくさんあるのです。不満があるのなら、自分たちで政府を動かしなさい、法王に救いを求める前に、すべきことをせよ、といったところでしょうか。

原発、エネルギー問題にどう立ち向かったらよいか?

ダライ・ラマ法王は科学好きなことで知られています。若い頃から機械いじりが好きで、今はそんなお時間はなさそうですが、機械式時計の分解・修理が趣味だそうです。話し方も非常に論理的ですし、理科系の素養をお持ちなのですね。

来日の際にも、ノーベル物理学賞を受賞した小柴昌俊氏、遺伝子研究の村上和雄氏、脳科学者の茂木健一郎氏など、自然科学分野の科学者の方々と対話を行なっています。

震災後、日本人が直面している科学技術への不安とエネルギー問題について伺ってみました。

池上 今回の地震や津波は科学的に予知できませんでした。原子力発電所の事故も起きてしまいました。日本人全体が科学技術に対する信頼を失っています。

法王はよく、科学技術を学ぶことが大切だとおっしゃっていますが、日本人は科学技術とどう付き合っていけばいいとお考えでしょうか？

法王 科学技術は人間にとって大変有益なものなので、当然ながら重要なものだと思います。私たちは科学技術を必要としていますし、科学技術を向上させていくことも必要です。

しかし、同時に、津波の予知などには限界があるということも認識しなければなりません。巨大な自然災害が起きたときは、科学技術に助けを求めても、時には私たち人間の能力をはるかに超えていることもあるのです。

それもまた事実であり、受け入れなければなりません。私たちは科学技術を必要としており、科学技術を信頼しなければなりませんが、信頼し過ぎてもいけないことは明らかだと思います。

池上 大震災以来、日本では原子力発電所が次々に止まっていき、日本は今エネルギー不足に悩んでいます。

私たちはエネルギー不足とどう向き合っていく必要があるのでしょうか？

法王 それは、専門家に聞くべきことだと思います（笑）。

ごもっともです。

多くの人との対話を修行と位置づけているダライ・ラマ法王は、宗教・政治はもちろん、世界経済からハリウッド映画、ときには、経験したこともないセックスの喜びや同性愛についてまで、ありとあらゆる質問を受けてきました。

質問する側もあながちふざけているわけではなく、色々な問題で行き詰まっているからこそ、何もかも超越した大局的な立場で考え、発言のできる法王に意見を求めているのでしょう。特に日本の場合は、専門家に任せすぎたからこそ、問題が大きくなっているとも言えます。

法王 私はこの分野に経験がなく、ただどう感じているかという意見に過ぎませんが、経済発展のためにはエネルギーや工場が必要だと思います。日本だけの利益のためではなく、全世界において日本の製品は非常に役に立っているからです。すでに述べたとおり、物質的な発展のためには、科学技術はまだまだ必要とされており、エネルギーはとても重要です。今まで原子力は安価なエネルギーを供給してくれましたが、それと同時に、原子力には常にリスクが伴っていました。

原子力発電所を一〇〇パーセント安全な場所に移すことができるなら、事情は変わってくるでしょうが、そうでなければ、原子力の利用を減らすか、あるいは停止するしかありません。私は昨日（二〇一二年五月六日）、日本国内で稼働していた最後の原子力発電所が停止したことをニュースで知りました。

すべての原発が停止したニュースは確かに欧米のメディアでも大きく報じられていました。法王は英国ＢＢＣの衛星放送で世界のニュースをチェックするのを日課にしていらっしゃいます。

池上 ご存じだったのですね。

法王 はい。稼働を停止したこと自体はとてもよいことだと思います。いいニュースです。

日本人は、原子力によって作られていたエネルギーの代替を考えなければなりません。たとえば太陽エネルギー。あるいは、津波も海の水ですから、科学技術によって海水を使った水力発電を開発することも可能ではないでしょうか。最初は高くつくかもしれませんが、おそらく可能ではないかと思うのです。原子力に代わるエネルギーの可能性を考えなければなりません。もし代替となる他のエネルギーがないのであれば、原子力発電所を最も安全な場所で稼働させるというのもひとつの解決方法なのかもしれません。

これが私の意見です。すべての原子力発電所を撤去していくことを考えるだけではなく、もっと革新的で新しいやり方を見出していくことが必要ではないかと思うのです。よくイノベーションと言われますが、新機軸となる新しい工夫が必要だと思います。

池上 代替エネルギーによる解決を目指す一方で、日本人の生活スタイル自体を、あまりエネルギーを使わないような生活スタイルにするべきだという意見もあります。それについてはいかがでしょうか?

法王 それについては私もよくわかりません……。難しい問題ですね。

全体的に見れば、アメリカの生活スタイルや、西洋の工業国の生活スタイルは消費過多なので、これには真剣に取り組まなければなりません。私たち人間は、持っているもので満足するという実践をしなければならないと思います。

すべての人たちが、生きていくために必要なものや設備を得る権利を持っていますが、贅沢品はどうしても必要なものではありません。世界では何百万人もの人たちが貧困と飢えに苦しんでいることを考えると、あまりに贅沢な暮らしをすることはよいことではありません。

しかし、すでに述べたとおり、科学技術がなくては生活の向上をはかることはできません。よくわかりませんが、この点からは、科学技術もエネルギーも必要なのだと思います。

何年か前に、あるインド人の友人が、エネルギー問題について彼の意見を私に話してくれたことがあります。車など使わずに、牛車を使うべきだと言うのです笑。これは、何千年も昔の時代遅れの話ですね。人口が非常に少なくて、広大な大地があるところでは可能かもしれませんが、地球の人口は今では七十億を超えており、いまだに増え続けているのですから不可能な話です。あなた方日本人も科学技術を必要としていますし、現代においては、科学技術は必要だと思います。

また、日本の科学技術の専門家たちは、十分な知識と経験があるのですから、他の開発途上国に行ってもっと貢献するべきだと思います。そこで、日本人はもっと英語を勉強するべきだと私はいつも言っています。

特に、日本の若者たちは、英語の能力を身につければ、開発途上国で本当にすばらしい貢献ができますし、それによってもっと自分に自信を持つことができるからです。自分は人の役に立つ人間なのだと思うことで、自信が持てるようになりますし、満足感も得られます。これは人間にとってとても大切なことだと思います。小さな島国の中で縮こまって暮らしていては、人生に意義を見出だすことはできません笑。

これもまた耳の痛い言葉です。日本に帰ったら、さっそく学生たちに伝えることにしましょう。

しかし、今の若者たちは意識自体が内向きになっています。広く世界に目を向けて、外に出て行こうという勢いを失ってしまっているようです。

焼け野原から再建した日本人は立ち直れる力を持っている

池上 若者ばかりではなく、多くの日本人が今、自信を失っています。バブル経済崩壊後、右肩上がりに経済が成長していた時代は終わり、平均年収も下がって格差社会が定着しました。
二十年以上にわたって低迷する日本のお隣では、中国などの新興国が急成長しています。日本はこの先うまくいかないんじゃないかと思っているのです。それについてはどうお考えでしょうか？

法王 何年も前、日本の経済が低迷し続けていた頃、私は皆さんにお話しました。経済成長には限界がある、と。遅かれ早かれ、経済はそれ以上の成長が望めないところに達します。それは、今あなたがおっしゃった通りなのです。
日本のみならず、世界全体の経済も難しい状況に直面しており、それも日本の経済に非常に大きな影響を与えています。しかし、この経済危機もまた、ある部分では私たち人間のものの考え方に関連していると私は思います。全体的なものの考え方をすることができないため、その場限りの利益を追求することしか考えず、長い目で見るとどういう結果になるのかということを考えていないのです。こういうことはできるだけ避けなければなりません。

こういった問題は私たち人間が作り出したものなので、論理的に言って、人間はそれを克服できる能力を持っているはずです。基本的に、自分が作り出した問題は、当然自分で解決できるものだと私は考えています。

昨年日本を訪問したときにもこう言いました。日本人は第二次世界大戦で原爆を体験し、それによって悲惨な苦しみを味わったにもかかわらず、焼け野原の灰の中から必死に努力をして立派に国家を再建しました。その事実を私は知っています。

日本人は、本当にすばらしい能力のある人たちなのです。今抱えている経済危機も一時的なものに過ぎず、立て直すことのできる力を日本人は持っているのです。その力を発揮するためには、堅い決意と強い意志、そして自信を持たなければなりません。

私たちチベット人のことについて少しお話ししましょうか。私たちは祖国を失いました。私は十六歳のときに自由を失い、二十五歳のときに祖国を失ったのです。しかし、希望と決意を失ったことは一度もありません。自由と祖国を失った時からすでに五十年、六十年の月日が経ちましたが、今もなお、私は完全な情熱と自信を持ってこの問題に立ち向かっています。

皆さん日本人も、第二次世界大戦後の歴史の中でもそうだったように、再び立ち上がることのできる力を持っています。ちょっとからかって言わせていただけば、日本人の身体はちょっと小さいですね。しかし、皆さんの能力と知性は、本当にすばらしく偉大だと思います。

池上 ありがとうございます。法王がそんなにも希望を失うことなくここまでこられたその理由は何でしょうか？

法王 多分、私たちには真実があったからでしょう。私たちの戦いの本質は、真実の力と銃との戦いなのです。私たちチベット人には真実の力があり、もう一方（中国）は、銃による戦いを挑んでいます（笑）。

大切なのは、真実を語り、慈悲深くあることです。そうすれば、本当の意味で真実の力による戦いになります。しかし、基本的な本質が真実の力による戦いであっても、嘘や騙しなどの手段に頼って戦うなら、本物の強い自信を得ることはできません。

私たちの戦いの本質は、あくまでも真実の力です。それを遂行する手段もまた、正直で、真実に基づき、慈悲深くなければなりません。そうすれば、自信を喪失する理由などどこにもないのです。

ダライ・ラマ法王が国家元首を務めていたチベットという国は、一九五十年代、圧倒的な軍事力を持つ中国の手に落ちました。

一九五九年、法王がインドに亡命した後のチベットでは着々と中国化が進められ、信仰の自由や人権が脅かされているため、チベット人たちが今も抗議活動を続けています。ダライ・ラマ法王は、自ら世界中を飛び回って国際社会にチベットの問題を訴えるという「非暴力」の戦いを貫いています。

中国という強大な国を相手に、一見勝ち目のなさそうに思える戦いを、よくぞ半世紀以上にわたって続けてこられたものです。

確かに日本は大変な困難を経験していますが、チベットの抱える苦難もまた半世紀にわたって続いています。それでも自信を失わない法王という指導者がいるからこそ、チベット人たちも自らの国や文化、信仰に誇りを持つことができるのでしょう。

仏教が発展させた心理学を生きるための教養に役立てる

池上 日本ではベビーブーム世代がもう六十代半ばになっていますが、なかなか幸福だと思えない人もいます。将来への不安を持っている人が大勢いるのです。そういうとき、仏教はどんな役割を果たすことができるのでしょうか？

法王 私は今、皆さんに伝えたいことがあります。宗教とは信心や祈りであり、私たち仏教徒の場合も、普通は信心、祈り、瞑想などをすることだと思っている人が多いと思います。ただし、それだけでは単純すぎて、仏教の教えの意味が正確に理解されていないと思います。仏教は、私たち人間が持っている様々な感情について、つまり、心という精神世界について、大変深い考察と探究をしています。私たちの心とはどういうものなのか、感情がどのような働きをしているのかを正しく理解することは、問題や困難に直面したとき、自分の破壊的な感情を克服するために大変役に立つのです。

自分の感情をどのように扱うべきかを知っていると、たとえ破壊的な感情が起きても、それに取り組み、克服する手段を心得ているからです。

池上 では、仏教の本来の価値を人生に役立てるためには、日本人はどうしたらいいのでしょうか？

法王 仏教の心理学について勉強して、どうやったら破壊的な感情をコントロールし、乗り越えることができるのかを勉強するべきだと思います。

破壊的な感情とは心の平和をかき乱す感情のことで、最終的には私たちの健康にも害を与えるものであり、仏教ではこれを煩悩と呼んでいます。

仏教の経典や論書には、私たちの心や感情について非常に詳しい説明がされているため、今では多くの西洋の科学者たちが、仏教の心理学に多大な関心を寄せています。煩悩を滅するための対策として、私たち人間の心には、そういった破壊的な感情に真っ向から対立するよい感情が備わっています。私たちは、愛や慈悲などをはじめとするよい心の種を生まれながらにして持っているのだということ、そういった感情をますます高めていくことによって、破壊的な感情を克服できるということを理解して、それを実践していかなければなりません。

自分の心がどのように機能しているのか、そのシステムを正しく知ったなら、自分の感情をより容易に取り扱うことができるようになります。

日本仏教には「信じれば救われる」といった信仰心に基づいた宗教の側面もありますが、人間の心の動きを非常に精密に観察し、どうすればコントロールできるのかを明らかにした心理学としての側面を勉強することは非常に重要なのですね。これは信仰心の有無にかかわらず、多くの人の役に立つものです。

法王 私自身も仏教の勉強をしている学生のひとりであり、単なる祈りや瞑想によってではなく、これらのことを勉強し、考えることが実際に驚くほど役に立つということを体験を通して知っています。

ですから、私はいつも日本や他の国々の仏教徒の兄弟姉妹の皆さんに、そしてダラムサラに住んでいるチベット人たちに、仏教について、少なくとも仏教の心理学について、勉強することがいかに重要なことなのかをお話し、強調しています。それは、日常生活の中で大変役に立つ情報だからです。

最終的には、仏教の心理学に基づく知識を、学校の普通教育のシステムの中に取り入れていくことができればよいと考えています。宗教としてではなく、自分たちの心や感情について学ぶ心理学という学問として、アカデミックな教養の一科目として、世界的に取り入れることができればよいのではないでしょうか。そうすれば、宗教を信じている人たちにも、そうでない人たちにも、仏教の心理学に基づく情報が役に立つからです。

ダライ・ラマ法王はチベット仏教の第一人者でありながら、必ずしも仏教への信仰心にはこだわりません。この姿勢は一貫しています。キリスト教徒ともイスラム教徒ともユダヤ教徒とも積極的に対話をして、人類にとっての普遍的な思想を編み出そうとしています。だからこそ、世界中どこに行っても受け入れられるのでしょう。

仏教が発展させてきた心理学を、生きるための一般教養として役立てようというのがダライ・ラマ法王の提案です。天国や来世といった救いではなく、心安らかに生きていくために心を制御する技術を、仏教から取り入れていこうというのです。それは信仰心がなくても可能なことなのです。

始まりも終わりもない死とは衣服を着がえるようなもの

池上 チベットが独立を失って半世紀以上たった今も、中国の支配を嫌って故郷を後にする難民は絶えません。チベットからダラムサラに亡命してきている人たちを見ていますと、とても厳しい状況にありながら、多くの方が心の平安を得ているように思います。そこには、チベット仏教が大変大きな役割を果たしていると思うのです。

その一方で、仏教国といわれている日本では、多くの人たちが依然として悩みを抱えていて、心の平安を得ることができずにいます。日本の仏教が十分力を出していないのではないかと私は思ってしまうのですが、法王はどのようにお考えでしょうか?

法王 以前のチベットには、真面目に勉強をしていた僧院もありましたが、ただ毎日のお祈りと儀式だけを行なって、勉強をしない僧院がたくさんあったのです。

そこで、ダラムサラでチベット人たちに法話を行なうときはいつも、勉強することが何よりも大切だということを何度も強調して話してきました。私たちは二十一世紀の仏教徒にならなければならない、ということを言ってきたのです。二十一世紀の仏教徒になるというのは、仏教の体系について完璧な知識を持つということです。中国、日本、韓国の仏教徒たちは信仰心が篤く、いつも「般若心経」を唱えていますが、実際にはその意味を知らずに唱えていたりしますね。そこで、もっと仏教の教えについて、仏教心理学について勉強する熱意を持たなければならないと私は思うのです。

あなたが今言われた問題は、勉強不足のせいではないでしょうか。多くの宗教の信者たちは、信仰心を持ってただ祈るだけで、あまり勉強をしなかったというのが過去の過ちだったのではないかと私は思います。

日本仏教の何かが間違っていたというわけではありませんし、中国仏教やチベット仏教に欠点があったというわけでもありません。私たち仏教徒が十分な勉強をしなかったために、仏教の教えを正しく完全に活用することができなかったからなのです。

ダライ・ラマ法王は、「般若心経」の部分を「はんにゃしんぎょう」と日本語でおっしゃいました。

チベットの仏教も、一貫して真面目だったわけではないのですね。ダライ・ラマ法王という存在が現われ、改革したことで甦ったというわけです。とすれば、日本の仏教も何かをきっかけに盛り返す可能性を持っているのかもしれません。

池上 日本人の多くが死に対する恐怖を持っていますが、仏教についてもっと学べば、死に対する恐怖を克服することができるのでしょうか?

法王 死を恐れることは、人間が持つごく自然な感情だと思います。心についてもっと学び、知ることができれば、死への恐怖を軽減することができるでしょう。仏教的観点からいうと、心には始まりも終わりもありません。死とは、ただ衣服を着がえるようなものなのです。私たちの肉体は古くなっていくので、古い身体を捨てて新しい身体をもらうわけです。

死の恐怖を軽減するために何よりも大切なことは、私たちが生きているこの人生を意義深いものにするということです。意義ある人生とは、他の人たちを助けるということであり、たとえそれができなくても、少なくとも他の人たちに害を与えるようなことはしない、という実践をすることです。

そのように生きることができれば、あなたの人生はより意義のあるものとなります。意義ある人生を過ごすことができれば、死に直面したとき、たとえ死への恐怖があったとしても、後悔すべきことはほとんどありません。後悔することがなければ、死を恐れる気持ちもずっと少なくなります。

この人生をポジティブに過ごし、意義ある人生にすることができたなら、それが来世においてよき幸せな生を得ることを保障してくれます。本物の修行者であれば、死が訪れたそのときに、死を恐れる気持ちはありません。次に得る新しい身体と新しい生を、ワクワクした気持ちで心楽しく迎えることさえできるのです。

「来世」の存在を信じていれば、本当に次の人生を楽しみにしながら、死を迎えることができるかもしれません。しかし、信じていなくても、意義のある人生を送ったという充実感があれば、死が近づいたとしても穏やかな気持ちでいられるでしょう。

死はいつ訪れるのかわかりません。いざというときにジタバタしないためには、日々悔いのない人生を送ることが大切になりそうですね。よりよく生きるための心構えを、法王のお話からあらためて伺うことができました。

仏教徒にとって、焼身抗議をする意味とは？

今回の法王との対話の中で、ジャーナリストとしてどうしても伺いたかったことがあります。チベットで相次ぐ焼身自殺による抗議についてです。

二〇〇八年、中国政府による宗教への抑圧などへの反発から、チベット全土で大規模なデモなどの抗議行動が起こりました。中国当局が武力でこれを押さえつけると、万策尽きたチベット人たちは、焼身自殺という抗議行動を行なうようになりました。

すでに三十人以上が焼身抗議を決行し、日本のメディアでも時々伝えられています。一部の過激派イスラム教徒が聖戦として行なう自爆テロとの違いは、他人を一切傷つけないことです。ダライ・ラマ法王が貫いている非暴力の教えが、チベット人たちの間に浸透しているため、自分だけが犠牲になる焼身抗議が唯一、残された道となったのです。

池上 今度はチベットのことについてお伺いしたいと思います。このところ中国政府のやり方に抗議して、多くのチベット人たちが焼身自殺をしています。これに対して中国当局は、法王がそれをけしかけているのだと非難しています。これについてどうお考えでしょうか?

法王 中国当局は、チベット人たちに焼身自殺をさせているという罪を私に着せることで、中国当局の身代わりに罪を背負ってくれる贖罪《しょくざい》の山羊を見つけたわけですから、私は嬉しく思っていますよ(笑)。

私個人だけでなく、ダラムサラの亡命政権では、最初から一貫して厳密な非暴力の立場を貫いてきました。そこで、ますます厳しくなる中国の抑圧に絶望したチベット人たちが、焼身自殺という形で抗議に出たのです。

このような悲劇が次々と起きていることは大変悲しいことですが、それはチベットだけに起きたことではありません。ベトナムでも僧侶や一般市民が焼身自殺という非劇的な行為に出ていましたし、チェコスロバキアやアフリカでも起きています。中国国内でも文化革命の時に起きています。中国共産党がある僧院を破壊しにやってきたとき、そのお寺の僧院長は自らの命を犠牲にしてそれに抗議したのです。

このように、焼身自殺による抗議は、今までにもいろいろな国で起きていることであり、万策尽きたあとの人々の絶望を示すしるしなのですから、どうしてそういう悲劇が起きたのかを推しはかることができるでしょう。

一九五〇年以前のチベットにはそのようなことをするチベット人はいませんでした。それがなぜ今起きているのか、という点が問題であり、中国共産党当局のポリシー、特に地方の高官たちが冷酷で容赦のない抑圧をしていることが明らかにわかります。

中国共産党当局の指導者たちには、いったい何がチベット人たちに焼身自殺という悲劇的な行為をさせているのか、その原因を究明するべきときが来ています。彼らはその本当の原因に取り組まなければなりません。ただ誰かを非難し、糾弾するだけでは十分ではないのです。それだけで事態を収めることはできません。これが私の意見であり、焼身自殺については、非常に悲しいことだと思っています。

池上 仏教徒にとって、焼身自殺をするということにはどういう意味があるのでしょう？　たとえば、キリスト教徒やイスラム教徒にとっては、自殺をするということは地獄に堕ちることを意味していますが、仏教徒にとってはどういう意味があるのでしょうか？

法王　焼身自殺もひとつの行為です。ひとつの行為が悪い行ないなのか、よい行ないなのかを決める境界線は、その行為をしたときの心の動機によって決まります。その人が真摯な気持ちで仏教のことを考え、チベット人の人権を守ろうと考えてしたのなら、それはよい心の動機になります。そのような動機によって焼身自殺をしたのであれば、それはよい行ないになるのです。

しかし、憎悪や怒りなど、中国人に対する強いネガティブな感情に基づいてされたとしたら、その行為は悪い行ないになります。これが仏教的な判断の根拠です。なぜそのような行為をしたのかという目的も重要です。もし、仏教のため、正義のために行なったのなら、それはよい行ないであり、単なる嫌悪や、相手に恥をかかせようとするなど、他の人をひどい目にあわせる目的でしたのであれば、悪い行ないになります。

池上　ということは、よい動機による自殺は認められるということでしょうか？

法王 はい。認められます。

中国のあるお寺の僧院長を務めている中国人もそう言っています。焼身自殺が、宗教的に見て、仏教のために真摯な心の動機によってされたなら、それはよい行ないであると彼も述べていますが、中国政府はそれに対して制約を与えています。

池上 ということは、最近行なわれているチベット人による焼身自殺は、よい行ないだと認められることになるのでしょうか？

法王 そうとは言えません。今お話した通り、同じ行ないであっても、一人ひとり心の動機が異なっているからです。もし誰かが、非常に強い怒りや憎しみによって自殺したのであれば、それは悪い行ないになってしまいます。

池上 なるほど……わかりました。

と私は言いましたが、どんな理由にせよ、自らの身を犠牲にしてもよいという論理に、納得できたわけではありません。

焼身自殺を完全に肯定することができないのはもちろん、チベット人たちの精神的指導者として、チベットの大義のために犠牲になった人たちを否定することもできません。焼身抗議に代わる有効な代案を示すこともできないという辛い立場なのでしょう。

十年、二十年前と比べると中国は変化している

池上 では、これからのチベットの立場について、中国支配下のチベット、あるいはここダラムサラにいるチベット人たちの将来について、どのような見通しを持っていらっしゃいますか？

法王 チベット人が持っている仏教的精神は、過去約六十年にわたって大変強く堅固に維持されていると思います。

今、チベット問題は、中国の正しい発展に大いに依存しています。中国が適切な法に基づいて開かれた社会になったなら、チベット問題は簡単に解決できるでしょう。

今日の中国を十年、二十年、三十年前と比べてみると、非常に大きな変化が見られます。過去五年間、十年間においても、民主主義、人権、宗教の自由を求める声は急速に大きくなってきています。中国は変化しているのです。その点から考

えれば、チベットの将来にはポジティブな見通しがあると私は思っています。今は大変困難な状況ですが、全般的に見れば、私は完全に楽観的です。

それに、多くの中国人たちが、私たちチベット人に共感を持ち、私たちのことを支援してくれています。現実に、私は中国人たちからそういう手紙を何通も受け取っていますし、その観点から見ても、状況は変化しつつあるのです。

今までずっと、中国共産党当局の検閲が厳し過ぎて、ゆがんだ情報しか伝えられていなかったので、中国の一般市民は正しい現実を知る機会がまったくありませんでした。しかし、中国の人々が現実をあるがままに知ることができれば、中国の人たちは私たちのとっている「中道のアプローチ」を完全に支援してくれることでしょう。実際に、私はそういう趣旨の手紙をたくさん受け取っているのです。

過去数年間を通して、私はおそらく千人にものぼる中国の学生、記者、教授、教師などに会っていますが、彼らが私たちの中道のアプローチを理解すると、私たちを完全に支援してくれるようになります。中国政府が過度な検閲を課し、ゆがめられた情報ばかり伝えていることがわかりますね。

そのような見方によって、中国共産党当局は、私のことを悪魔だと非難しているのです（笑）。

「中道のアプローチ」とはチベット人の自治が実現できれば、中国からの独立は求めないというダライ・ラマ法王の妥協案です。しかし、中国はダライ・ラマは本当は独立を求めていると主張して対話を拒んだまま、チベット問題は一向に進展しません。ダライ・ラマ法王は常に前向きです。チベット人たちにとって状況は悪化する一方にも見え、そうした絶望感が焼身抗議のような事態を招いているのですが、一般の中国人たちの意識もよい方向に変わりつつあるというのです。

法王はより長い目で、大局的な視点でとらえているのでしょう。

池上 最後の質問ですが、法王はなぜいつも、それほど楽観的でいられるのですか？

法王 私には自信があるからです。

私はいつも正直に真実を語り、慈悲深い態度を維持していますから、悲しんだり、後悔したりする理由は何もありません。それが楽観的でいられる主な理由です。

さらに、私はひとりの仏教僧であり、家族もありません。自分ひとりのことだけを考えていればよく、家族のことを心配する必要もありませんから、皆さんよりもずっとシンプルなのです。

家族がいて、子供、孫、曾孫などがいたら、心配の種がたくさんあって、考えなければならないこともたくさんでてきますからね（笑）。

池上 ありがとうございました。またお目にかかれるのを楽しみにしています。

法王 ではまた会いましょう！

家族はいなくとも、法王には六百万人に及ぶチベット人たちの命運がかかっています。その立場がシンプルとは、とても思えません。

しかし、後ろを振り返っても仕方がない。真実を語り、慈悲を実践することで前に進んでいくしかない。法王の笑顔は、半世紀にわたって貫いてきた信念の表われのように思えます。

こうしたブレない信念を持ち、実践するリーダーがいるからこそ、チベット人たちの非暴力の姿勢も、仏教への信仰心も、揺らぐことなく根付いているのでしょう。国を失い、過酷な状況にありながらも、心を穏やかに保つ術を心得ているチベット人たちに学ぶことは多そうです。

ダライ・ラマ法王のような卓越した指導者を持たない私たち日本人には、心のよりどころが希薄です。法王の提案する、よく生きるための一般教養としての仏教をヒントに、不安と恐れを克服する術を日本人なりに考えていく必要があるのでしょう。

第三章

人は仏教で救われるのか？

日本人にとっての仏教とは？

自分の宗教や宗派についてほとんど意識しない日本人

私の父はクリスチャンでした。無教会派のキリスト教思想家、内村鑑三《かんぞう》に傾倒していたようで、自宅にも全集が置いてありましたが、父自身は近所の教会に通っていました。私自身も父に連れられて教会の日曜学校に行ったことを、おぼろげながら覚えています。

父が亡くなると、母は何の疑いもなく、僧侶を呼んで仏教式の葬儀を行ないました。我が家はもともと日蓮宗なのです。教会の牧師さんは、父が亡くなったことを知って、弔問に来てくださいました。母は、このとき初めて気づいたようです。

「仏式の葬儀でよかったのかしら？　本人はキリスト教式を望んでいたのでは？」と。

私が宗教や宗派というものを意識したのは、これが初めてだったかもしれません。

極めて日本的ですよね。自分や家族の宗教について、あるいは宗派について、日常的にはほとんど意識していない。意識するのは死が訪れたときだけ。クリスチャンの父親を仏式で送り出してからようやく「どういう送り方をすればよかったんだろう？」と悩み始めたのです。

母も私も、宗教への意識に関しては平均的な日本人レベルだったようです。

私が最初に通った幼稚園はキリスト教系でした。東方に輝く星を見て、イエスの誕生を知った三博士が祝福に訪れる。クリスマスが近づくと、この定番劇が演じられます。その後、引っ越し先で通った幼稚園では花祭りがありました。ブッダの誕生をお祝いするのですから、仏教系だったのでしょう。

こうしたどっちつかずな環境の中で、私はどの宗教を信じるでもない典型的な日本人に育ちました。高校の倫理・社会の授業で、キリスト教についてのレポートをまとめなさいという課題が出たとき、初めて新約聖書を本気で読みました。人知を超えた超自然的な存在というものがどこかにあるかもしれない——と思いながらも、イエスについてどう考えればいいのか悩みました。この世のすべてを創った神様がいるという考え方も、何かしっくりこないまま大人になりました。
しかし、第一章に記したように、取材などで海外に行く機会が増えると、宗教を意識せざるをえません。

キリスト教やイスラム教の聖地は、確かに心安らかになれる居心地のいい雰囲気の場所ばかりです。洋の東西を問わず、人間が心地よいと感じることにそれほど違いはないのです。

ただ、教えとして自分にしっくりくるのは、やはり仏教ではないかと次第に思うようになりました。この世を創った絶対的な神様などはいない。宇宙には始まりも終わりもない――こうした仏教の世界観は、信仰を持っていなくても受け入れられるものです。キリスト教やイスラム教の教えは、基本的には人が変えることのできない厳密なルールに基づいていますが、仏教には懐の深さを感じます。
ダライ・ラマ法王との出会いによって、仏教の説く教えこそ、生きていく上での道しるべ、あるいは灯明として活かしていけそうだと確信できるようになりました。私は結局、仏教徒なのかなと思えるようになったのです。

すべての物事には原因がある実に科学的な態度の仏教

イギリスの物理学者、スティーブン・ホーキング博士は二〇一一年に記した著書『ホーキング、宇宙と人間を語る』（エクスナレッジ）の中で、「宇宙を生成して発展させるのに神に訴える必要はない」と述べ、物議をかもしました。キリスト教圏では聖書の天地創造説が広く信じられているからです。

日本人にはピンときませんが、こうした発言がニュースになること自体、欧米においていかにキリスト教の存在が大きいかを表わしています。アメリカではチャールズ・ダーウィンの進化論を学校で教えることに対する反発が強く、進化論を信じているアメリカ人はわずか四割しかいないという調査もあります。「人間は神が自らの姿にならって創造した」という聖書の教えのほうが信じられているのです。

ホーキング博士は、一九八九年の著書『ホーキング、宇宙を語る――ビッグバンからブラックホールまで』（早川書房）で、「（人間や宇宙が存在しているのはなぜかという問題に対する）答えが見出されれば、それは人間の理性の究極的な勝利となるだろう――なぜならそのとき、神の心をわれわれは知るのだから」と記していました。

宇宙の始まりである真空の揺らぎに最初の一撃を加えてビッグバンを起こしたのは神であろうと、キリスト教徒も納得できる隙がまだあったのです。しかし、四半世紀の研究の結果、博士は神を否定するに至ったのかもしれません。

歴史的には、キリスト教圏で科学が発展したのは、世界を創造した神の偉大さを証明するためです。しかし、発展の先に行き着いたのが、聖書と相容れない進化論であり、ホーキング博士の宇宙論でした。宇宙や世界のことがわかればわかるほど、キリスト教にとって不都合が生じてしまうのです。

一方、仏教では創造主といった存在を想定していません。すべての現象は原因と結果の連なりである因果で成り立っています。物事には必ず原因があって結果が生じます。実に科学的な態度です。

自然科学はもちろん、政治学も経済学も、あらゆる学問は、世の中の動きを合理的に、矛盾なく説明するために発展しました。因果のメカニズムを一生懸命解明しようとしているのです。

ダライ・ラマ法王も高名な科学者との対話を頻繁に行なっています。仏教と最新の科学理論とは矛盾しないため、きちんと議論がかみ合うのです。

チベット仏教では、僧侶の昇進試験はペーパーテストではなく、問答による実技試験が中心だそうです。

問答といっても、日本の禅問答のように、雲をつかむような議論ではありません。チベット仏教の修行の中では、論理学が非常に重視されており、隙のない論理の積み重ねによる議論を、徹底的に訓練します。そうした修行の頂点にあるダライ・ラマ法王なのですから、その議論の進め方はきわめて論理的です。

因果を問いたブッダは、きっと理屈っぽい人だったのでしょう。証明しようのない死後の世界を語りはしませんでしたし、人知を超える占いや呪術の類いは排除しました。

私たちがいま当たり前に使っている数字のゼロという数字、このゼロという概念もインドで生まれました。インドで発見されるまで、ゼロという概念はなかったのです。今でもインド人は非常に理屈っぽく、理詰めで議論するのが好きです。IT大国になったのも、論理的な思考を持つという素地があったからかもしれません。

脱線しましたが、私が仏教を心地よいと感じるのは、その寛容さとともに、科学的な姿勢を持っているからでもあります。

仏教の僧侶は心のはたらきに向き合い続けてきたプロ

東日本大震災や福島原発事故という困難を経て、私たちが将来に抱く不安は、かつてなく高まっています。日本人の寿命が延び、現役引退後に二十年、三十年といった余生が得られるのは本来喜ばしいことですが、不安を抱えたまま過ごす時間も長くなったのです。

そんな不安を和らげるために、仏教を活かすことはできないでしょうか？

ダラムサラでお話を伺った高僧、タムトク・リンポチェは、私たちの心を不安にさせているものを「煩悩」と表現しました。ダライ・ラマ法王はそれを一般的な言葉で「破壊的な感情」と言い換えました。

人生が思い通りにならないからと怒ったり、嘆き悲しんだり、妬んだりする心の動きが煩悩です。家族や友人との関係を大切にするあまり、そこに囚われてしまうのもまた煩悩です。これらは人として生きていく上で、誰もが抱いてしまう感情です。ダラムサラで話を聞いた二十三歳の修行僧もこう語っていました。

「煩悩がないとしたら、それはもう悟りの境地であり、私にはまだまだ遠い存在です」

ダライ・ラマ法王は煩悩というネガティブな感情を抑えつけるのではなく、誰にでも本来備わっている愛や慈悲といったポジティブな感情を高めていくことで、克服できると教えてくださいました。

腹が立ったら、相手の立場になって考え直してみる。悲しいときは、もっと大きな悲しみを抱えている人が大勢いることを思い出してみる。あなたも、こうした感情のコントロール法を、人生経験の中で身につけてきたのではないでしょうか？

愛や慈悲というと堅苦しいですが、やさしさや思いやりということです。自分の利益のためではなく、他人の幸せにつながるような言葉や行ないを普段から心がけることで、どんな局面でも、ポジティブな感情が先に生じるような癖がつけられるのです。

こうした心のトレーニングなら、今日からでも始められそうです。

法王がおっしゃるように、仏教が追求してきた人間の心の機能やトレーニングは、信仰の有無にかかわらず教養として役に立ちます。世の中の一人ひとりが社会において経験を積んだ、何らかのプロであるように、仏教の僧侶は人間の心のはたらきと制御法に向き合い続けてきたプロなのです。逆境を乗り越えるために、その技術を活かさない手はありません。

東日本大震災は今なお大きな悲しみをもたらしていますが、未曾有の惨事をきっかけに、人と人との絆を大切にしようという機運も、かつてなく高まっています。インターネットなどのメディアを通じて、困っている人、悲しんでいる人に思いを寄せる機会は格段に増え、ボランティアなどの行動を起こす人も珍しくなくなりました。

やさしさや思いやりを分かち合うことが、照れくさい思いをすることなく堂々とできるようになったこの時代、私たちは本来持っているやさしさや思いやりを遠慮なく発揮できるのです。

私も最近ようやくだいぶ丸くなったと言われるようになりました。仏教の目指す境地に少しでも近づいているのならいいのですが……。

「死」を遠ざけることにより現実味を失っている

私たちが抱く不安の最たるものが、死に対する恐怖ではないでしょうか。生老病死のうち、人が最後に経験する苦しみです。寿命が延びた分、死と向き合う時間もまた長くなっています。

私は死ぬのが怖いと思ったことはありませんが、子どもの頃、意識がなくなるということが怖かった覚えがあります。

眠ると朝まで意識がありませんよね。それが怖かったのです。親に言っても、別に死ぬわけじゃないから大丈夫だよと、怖さをわかってもらえませんでした。今でも極端に疲れているときには、時々感じます。

普通は怖いと感じる間もなく寝入ってしまいます。イラクに行ったときは、ロケット弾がすぐ近くに着弾しても、気づくことなくぐっすり寝ていました。死ぬときは死ぬのだから仕方ない。そう肝を据えられるようになったのでしょう。

なぜなら、私はジャーナリストとしてたくさんの死を見てきたからです。NHK記者として、人がたくさん亡くなった現場に駆けつけるのが仕事でした。特に警視庁を担当していた時代には、あらゆる亡くなり方をした遺体を見ました。

一九八〇年の川治プリンスホテル火災では、湯治に来ていたおじいさん、おばあさんが大勢犠牲になりました。現場に向かうと、遺体を置く場所がないため、空き地にずらりと並べてあるのです。その横で事件をレポートしました。

同年、十二人が亡くなる富士山落石事故があり、ご家族と一緒に全員の身元の確認に立ち会いました。

一九八三年の日本海中部地震では、小学生十三人が波に飲まれました。私は海から遺体があがるのを逐一見届けました。

人間というのは、こういうことでも続けていると慣れてしまうものです。私にとって死は非常に身近なものとなりました。自然な死であれ、不自然な死であれ、死というのはいつか必ず来るのだということを自然に受け入れられるようになったのです。

人は生まれてから刻一刻と死に向かって近づいています。生きているだけで、もうけもの。ありがたいことなのです。

もちろん、私の例は特殊すぎますね。

人間はなるべく死から遠ざかるように、長く生きられるように医学分野で研究をしたり、事故が起こらないように気をつけてきました。特に日本人は死を穢れととらえ、なるべく目の届かないところに遠ざけてきました。

自宅で死を迎える人も少なくなりましたね。入院していると、死を看取るという機会も、なかなかありません。昔のように大家族ではありませんから、身近で人が亡くなるということも減っています。

人がどのように亡くなっていくのかという事実が、どんどん現実味を失っているように思えます。死を洗いざらい見せろというつもりはありませんが、隠しすぎるのも問題です。周りの人の死を経験することで、死に備えることができるという側面もあるのです。身近な人の死に際して、どのように心の準備をし、そして、気持ちに区切りをつけて立ち直っていくのか、経験する機会が著しく減っています。

死を遠ざけることにより、傷つくことは避けられますが、突然、身近に死が迫ってきたとき、対処できなくなってしまう可能性もあります。まるで無菌状態で育ったために免疫が弱くなってしまったようなものです。

死者を弔うことに特化して教えがかすんでいる日本の仏教

「死とは、ただ衣服を着がえるようなものなのです。つまり、私たちの肉体は古くなっていくので、古い身体を捨てて新しい身体をもらうわけです」

「死」について尋ねたとき、ダライ・ラマ法王はこうおっしゃいました。

前提になっているのは、輪廻転生の考え方です。心というものには始まりも終わりもなく、ずっと続いていくものです。肉体に寿命が来たら、次の肉体に乗り換える。人もこうして生まれ変わります。輪廻を信じていない人にとっては、生まれ変わるといわれても実感がわきません。服を着替えるようなものなどと気楽に構えてはいられないでしょう。

人の死について、私はこうとらえています。

私が死んだ後、おそらく火葬にされるでしょう。煙になって、風に乗って、千の風になるかどうかはともかく、分子や原子レベルに還元されます。そして、いずれ原子と原子がまた結びついて、新たな物質の一部になります。私を構成していたものは消滅することなく、形を変えて残ることになります。土葬になったら土に還って、また新たな何かになるでしょう。

命あるものになるかどうかはともかく、原子・分子のレベルでは、私は残るのです。永遠に。いつか生き物の一部になることがあるかもしれません。これが私にとっての輪廻転生だと、理屈の上では納得しています。

だからといって、自分の死に心安らかに向き合える自信はいまひとつありません。十分生き抜いたという確信がなければ、安らかにそのときを迎えられそうにないからです。

ダライ・ラマ法王はこうおっしゃいました。

「意義ある人生を過ごすことができれば、死に直面したとき、たとえ死への恐怖があったとしても、後悔すべきことはほとんどありません。後悔することがなければ、死を恐れる気持ちもずっと少なくなります」

「死」は人間にとって、もっとも大きなテーマのひとつですから、あらゆる宗教が死に対して大きな意味を置いています。ユダヤ教・イスラム教・キリスト教では、生きている間によい行ないをすれば、死後、永遠の命が得られるとされています。仏教でもやはり、よい行ないをすれば、よい来世がやってくるとされています。死後の理想の姿に違いはありますが、共通しているのは、生きている間の行ないがポイントだということです。

日本の仏教は、死者を弔うことだけに特化しすぎました。確かに人生の一大事には違いないのですが、仏教にもともとあった、よりよく生きるための教えという側面が、かすんでしまっているようです。

生前に戒名を考えることで今やるべきことも浮き彫りに

仏壇の位牌に書かれた「戒名《かいみょう》」の意味を考えたことはありますか？

正式には浄土真宗では「法名《ほうみょう》」、日蓮宗系の宗派では「法号」ですが、本書では一般的な「戒名」と呼びます。

戒名とは本来、戒律を守る証として、仏門に入った者に授けられる名前です。決して死者に付けられる名前などではありません。しかし、死後、浄土に行けるという浄土思想が一般的になったため、死者に授けられるようになりました。

よく葬式仏教への非難とセットで、一文字×十万円などという戒名料が話題にのぼりますが、本来、戒名に値段などはありません。お寺への感謝の気持ちとしてお布施を贈ればよいのでしょうが、気持ちを金額に換算する相場はありません。

二〇一〇年、大手流通グループ会社のイオンが葬儀サービスを始め、お布施の目安を明文化したとき、お寺の側は困惑したようです。しかし、お寺と檀家の結びつきが薄れてしまった今、檀家がお寺を支えているという意識は希薄です。信仰心もなく、どんな意義があるのかもわからない戒名に対して対価を支払う消費者にとっては、商品を買う感覚とそう違いはありません。相場があるのは安心という意識になってしまうでしょう。

我が家がお世話になっているお坊さんは立派な方です。お布施で戒名が決まるような風潮はおかしいと言い、立派な戒名をつけてくださいました。

ですから、戒名には違和感はありません。父や母が亡くなったときも、生前どんな人だったかを聞いて、それにちなんだ戒名をつけてくださいました。我が家は日蓮宗ですから、戒名には日蓮の「日」と妙法蓮華経の「妙」の字が入ります。両親の位牌を仏壇で拝んでいると、自分の戒名はどうなるんだろうと自然に考えるようになりました。

私はどのように周りの人たちの記憶に残っていくのでしょう?

ＮＨＫ時代のある先輩は「報」の字を戒名に入れました。報道記者を天職として貫いていたからです。なるほど、ならば私の場合は、解説の「解」か「説」かなと。どちらかを入れてくれたらうれしいなと思ったりもします。

そう考えると、戒名というのは、自分の人生の集大成なのですね。

戒名を考えるというのは、自分が生きたことによって残してきた足跡を総括し、自分の人生の到達点を改めて考えることにつながります。まだそこに到達していないのなら、これからすべきことが浮き彫りになりますし、こう生きていこうという方向性が定まります。

生きているうちに戒名を考えてみるのは、よりよく生き、悔いを残さず、よりよく死ぬためのレッスンと言えるでしょう。

仏教を知ることは己を知ること
そして、日本を知ることです

ＮＨＫの番組『週刊こどもニュース』でニュース解説をしていた頃の話ですが、ちょうど四月八日に放送がありました。そこで「今日は花祭りの日だね」と言ったところ、子どもたちはこう聞いてきました。

「お花見に行く日なの？」と。

子どもたちは、ブッダの生誕を祝う花祭りを知らなかったのです。確かに仏教系の学校にでも通っていなければ、知る機会もないかもしれません。

そういう私も以前、クリスマス直前に来日したヨルダン人の研究者に「多くの日本人はクリスチャンでもないのに、なぜクリスマスを祝うのか？」「神も信じていないのに、日本人のモラルはどうやって保たれているのか？」と問われ、日本人の宗教観や仏教についてうまく答えられず、しどろもどろになったということがありました。

自覚しているかどうかはともかく、日本は仏教国だと言われます。日本で生まれ育っている私たちは、多くの人が仏教式の葬儀で送り出されることでしょう。それなのに、仏教のことを何も知らないままで亡くなる人も多いのです。

自分がどのような形で人生を総括し、死を迎え、送られていくのか？　その背景にある哲学、世界観とはどんなものなのか？

信じる信じないはともかく、私たちは現実に仏教的な世界観の中で生きていき、亡くなっていくのです。その世界観を知っておくことは、自らの存在を再確認することにつながり、心穏やかに生きるための大きな力になるのではないでしょうか。

ダライ・ラマ法王やタムトク・リンポチェもおっしゃっているように、日本の仏教そのものが何か欠点をもっているわけではありません。お寺と縁遠くなり、私たちが仏教との接点をうまく見出せなくなったために、その真価が伝わっていないだけなのでしょう。

仏教側からの伝えようという姿勢が力を発揮していないせいもあるでしょうし、お経やセレモニーの意味を知ろうともしない私たちの勉強不足もあるでしょう。お寺への観光は相変わらず盛んなのですから、どこかにチャンスはあるのではないでしょうか。ダライ・ラマ法王のような魅力的な仏教の伝え手が、日本にも登場してほしいのですが。

仏教は控えめな宗教です。他人に信仰を押しつけたりはしません。信じるか信じないかは、自分で判断せよとブッダも言っています。

こちらから求めなければ得られない教えですから、初めは縁遠いと感じてしまうかもしれません。しかし、いざ中身を知ってみると、そこには実に居心地のよい世界が広がっています。安心して心を委ねられる思想。私も実際、そう感じています。

仏教を知ることは、己を知ること。そして、日本を知ることです。

自分のことをよく知り、自分にとって何が大切なのかを知ってこそ、他人や他国の人々が大切にしているものを理解することができるのではないでしょうか。

おわりに

二〇一二年六月、指名手配されていたオウム真理教の信者が相次いで逮捕されました。信者たちが教祖・麻原彰晃の指示により、次々に犯罪に手を染めてから、十数年の歳月が流れました。突然あふれ出るオウムの事件のニュースの数々。四十代以上の人たちにとっては、「ああ、そう、そう」と思い出す出来事でしょうが、それより若い人たちにとっては、遠い過去の話です。

私が担当している東京工業大学の講義の中で、オウム真理教の事件を少し取り上げましたが、学生たちは「信じられない」という顔をして聞いていました。

この事件で当時の人たちを驚かせたのは、オウム真理教の信者に、高学歴の理工系の卒業生が大勢いたことです。

科学的な思考の訓練を積んだはずの若者たちが、なぜあのような集団に入ってしまったのか。日本の教育のあり方が大きく問われたのです。私は、そのことを東工大の学生たちに語ったのですが、彼らは、その事実も知りませんでした。オウムが社会に与えた教訓が、いまの若い世代に継承されていないのです。これでは、第二、第三のオウム事件が起きかねません。

事件当時、「既成宗教の力が弱くなっているから、カルト集団が魅力的に見えるのだ」という既成宗教批判が語られました。事情はいまも変わっていないのかもしれません。

宗教のことを知らないがゆえに、カルト集団に惹きつけられる。もしそうなら、既成宗教にも責任がないとは言えないでしょう。日本は仏教国と言われているのですから、とりわけ仏教界の責任は重大です。

しかし、私たちの多くが、仏教のことを詳しくは知りません。まずは仏教のことを知ろう。それが、この本の趣旨です。仏教を知りたくて、私はチベット亡命政権のあるインド・ダラムサラにも行き、チベット仏教の高僧やダライ・ラマ法王の話も伺いました。そんな「仏教基礎講座」が、この本です。

仏教国・日本に住む私たちとして、せめてこの程度は仏教について知っておきましょう。


この本を書くにあたっては、ダライ・ラマ法王に会える手はずを整えてくださったダライ・ラマ法王日本代表部事務所のラクパ・ツォコ氏に大変お世話になりました。

ダラムサラでは、通訳やコーディネーターのマリア・リンチェンさんのおかげで、実り多い滞在になりました。

こんな本を書いたとはいえ、私もまだ仏教については初心者。仏教についての著作が多い長田幸康さんのお手を煩わせました。

そして、ラクパ・ツォコ氏に引き合わせてくれた飛鳥新社の沼口裕美さんにも感謝です。

二〇一二年七月

ジャーナリスト　池上　彰

通訳・コーディネート（ダラムサラ） マリア・リンチェン
写真 熊谷美由希
取材協力 テレビ東京『未来世紀ジパング』
編集協力 長田幸康
ブックデザイン 祖父江慎＋小川あずさ（コズフィッシュ）
協力 ダライ・ラマ法王日本代表部事務所（チベットハウス・ジャパン）
〒一六〇‐〇〇二二 東京都新宿新宿五‐一一‐三〇 第五葉山ビル5階
http://www.tibethouse.jp

参考文献

『ブッダの真理のことば・感興のことば』中村 元翻訳（岩波書店）
『ブッダのことば――スッタニパータ』中村 元翻訳（岩波書店）
『ブッダ最後の旅――大パリニッパーナ経』中村 元翻訳（岩波書店）
『原始仏典』中村 元著（ちくま学芸文庫）
『ゴータマ・ブッダ』早島鏡正著（講談社学術文庫）
『仏教かく始まりき――パーリ仏典「大品」を読む』宮元啓一著（春秋社）
『日本仏教史入門――基礎史料で読む』山折哲雄・大角 修著（角川学芸出版）
『葬式仏教の誕生――中世の仏教革命』松尾剛次著（平凡社新書）
『ブッダに学ぶ生きる智慧』長田幸康著（東洋経済新報社）

池上彰と考える、仏教って何ですか？

二〇一二年八月五日　第一刷発行

著者　池上　彰
発行者　土井尚道
発行所　株式会社　飛鳥新社
〒一〇一-〇〇五一
東京都千代田区神田神保町三-一〇
神田第3アメレックスビル
電話　〇三-三二六三-七七七〇（営業）
　　　〇三-三二六三-七七七三（編集）
http://www.asukashinsha.co.jp/

印刷・製本　凸版印刷　株式会社

ISBN 978-4-86410-180-6

定価はカバーに表示してあります。

落丁・乱丁の場合は送料当方負担でお取替えいたします。小社営業部宛にお送りください。